인공지능 시대 일의 의미

AI문고

인공지능 시대입니다. 기계가 인간의 인지를 대신하고, 사물이 인간을 통하지 않고 다른 사물과 직접 커뮤니케이션합니다. 이에 따른 인간 삶과 문명 변화를 정확히 이해 · 예측 · 대응하는 것은 이 시대 우리 모두의 과제입니다. AI문고는 인공지능 기술과 환경의 여러 주제를 10가지 키워드로 정리합니다. 관련 개념과 이론, 학계와 산업계의 쟁점, 우리 일상의 변화를 다룹니다. 인간과 기술의 현재, 미래를 세심히 분석합니다.

일러두기

- 인명, 작품명, 저서명, 개념어 등은 한글과 함께 괄호 안에 해당 국가의 원어를 병기했습니다.
- 외래어 표기는 현행 어문규정의 외래어표기법을 따랐습니다.

처음이세요?

전문가세요?

인공지능 시대 일의 의미

박지영

대한민국, 서울, 커뮤니케이션북스, 2025

인공지능 시대 일의 의미

지은이 박지영
펴낸이 박영률

초판 1쇄 펴낸날 2025년 9월 29일

커뮤니케이션북스(주)
출판 등록 2007년 8월 17일 제313-2007-000166호
02880 서울시 성북구 성북로 5-11
전화(02) 7474 001, 팩스(02) 736 5047
commbooks@commbooks.com
www.commbooks.com

ISBN 979-11-430-0909-8 03500

책값은 뒤표지에 표시되어 있습니다.

차례

왜 일의 의미에 주목해야 하는가? xi

01 일의 의미의 정의와 원천 1

02 인공지능 기술에 대한 다차원적 태도 15

03 인공지능과 자율성, 일의 의미 27

04 인공지능과 유능성, 일의 의미 41

05 인공지능과 관계성, 일의 의미 55

06 인공지능 사용의 즐거움과 일의 의미 67

07 인공지능으로 야기된 불안과 일의 의미 81

08 인공지능과 핵심 직무 특성, 일의 의미 95

09 일의 의미를 만들고 유지하는 개인 107

10 일의 의미를 만들고 유지하는 조직 123

왜 일의 의미에 주목해야 하는가?

15년 만에 거리에서 우연히 대학 시절 친구를 만났다. “잘 지내고 있느냐”라는 질문에 친구는 ‘제조업의 노예’로 살고 있다고 대답했다. 15년 만에 만난 친구에게 자신을 설명할 때 제일 먼저 나오는 대답이 일과 관련된 것이었다. 이 친구뿐 아니라 사람들은 자신을 소개할 때 일을 통해 설명한다. 지금 어떤 회사에 다닌다거나 어떤 업종에 있다거나 혹은 아이들을 가르치고 있다는 식으로 과업의 특성으로 자신을 설명한다. 일은 자기(self)를 규정하는 한 요인으로, 인간의 삶을 다양하게 쪼개어 봤을 때 주요한 삶의 영역 중 하나라는 것을 보여 준다.

동시에 ‘일’이라는 것은 부정적인 뉘앙스의 단어들과 종종 어울린다. 친구의 자조 섞인 대답이 아니더라도, 월요일 아침 출근길에 겨우 일어난 모습을 담은 인터넷 밈(meme)의 유행과 목구멍이 포도청이라는 오래된 표현은 예나 지금이나 일을 한다는 것은 만만치 않다는 것을 보여 준다. 또 어쩔 수 없어서 일을 하는 경우도 많다는 것을 방증한다. 자기를 규정하고 삶에서도 중요하지만, 어쩔 수 없이 하는 것이기도 한 활동, 즉 외재적인 힘으로 인해 하는 것이 일일 수 있다.

이런 상황에서 "일의 의미는 무엇인가"라는 질문은 사치스러운 것일 수 있다. 의미가 있어서가 아니라 해야 해서 하는 것이라는 답변을 받기 십상이다. 하지만 역으로 "당신은 의미 없는 일을 하고 있군요"라고 이야기한다면 "그건 아니죠"라고 반박할 것이다. 인간은 스스로 일에 대단한 의미를 부여하지 않더라도 의미 없는 일을 하는 것은 원하지 않는다. 자신의 일이 전혀 의미가 없다고 지각하면 대부분의 사람들은 몰입과 열의를 잃게 되고, 일과 조직에 대해 부정적인 태도를 갖게 되고, 조직을 떠나겠다는 생각을 하게 된다(Allan et al., 2019; Steger et al., 2012). 최고 수준의 일의 의미를 가질 필요는 없지만, 일의 의미를 느끼지 못한다면 그 일을 잘 수행하기 어렵게 된다.

일의 의미의 정의와 넓은 영향력

인공지능 시대를 관통해 가고 있는 지금, 일의 의미에 주목할 필요가 있다. 일의 의미는 개인이 자신의 일이 중요하고 가치 있으며 목적이 있다고 인식하는 정도를 뜻한다(Lips-Wiersma & Wright, 2012; Steger et al., 2012).

일의 의미는 개인이 일을 바라보는 관점이자 일에 대한 생각을 반영한다. 일의 의미는 일터에서의 심리적 욕구 충족, 안녕감과 관계될 뿐 아니라 일, 조직에 대한 태도와 행동에 영향을 주는 주요한 요인이다(Allan et al., 2019; Maunz & Glaser, 2024; Rosso et al., 2010). 자신의 일이 의미 있다고 생각할수록 일에 만족하고 조직에 더 몰입하고, 조직 내 타인을 도와주며, 수행 수준 또한 높다. 소위 일도 더 잘한다.

또 인공지능 기술 등으로 인한 다양한 불확실성의 상황에서도 일의 의미는 중요한 역할을 한다. 일의 의미 수준이 높은 사람들은 변화와 불확실성의 상황에서도 배움을 통해서 성장할 수 있으며 조직을 위해 혁신적인 아이디어를 낸다(Bawuro et al., 2019). 일의 의미 수준이 높은 사람들은 일뿐 아니라 삶 전반에 대해서도 더 만족해하고 행복해 한다(Allan et al., 2019; Shilo-Levin et al., 2021).

이처럼 일의 의미는 일과 삶의 다양한 태도와 행동에 영향을 준다. 일의 의미라는 요인은 영어식 표현으로 긴 팔(long arm)을 가지고 있어서 일의 의미가 팔을 휘두르면 다양한 삶과 일의 영역의 많은 요인이 영향을 받는다. 인공지능 기술의 등장으로 일에 대한 근원적인 의문과 냉소주의를 경험하고 있는 지금(박지영 · 정예슬, 2020; Bankins & Formosa, 2023), 일의 의미에 주목하는 것이 필요한 이유이기도 하다.

인공지능 기술과 일의 의미

사람들은 '의미'라는 것을 굉장히 거대하고 추상적이고 혹은 고귀한 무엇처럼 생각하는 경향이 있다. 사회에 큰 기여를 하거나 사람의 목숨을 살리고 자신을 희생하는 것이 의미 있다고 생각하는 경향이 있다. 하지만 일의 의미라는 것은 소소해 보이는 많은 순간이 만들어 낸다. 일에서 선택권과 자율성을 느낄 때, 일터에서 지지를 받거나, 동료들과 함께하는 시간에서 즐거움을 느낄 때 일의 의미를 느끼기도 한다(Van den Broeck et al., 2016). 혹은 개인의 삶이 일관적인 패턴을 가지고 흘러갈 때 의미 있다고 느끼기도 한다(Martela & Steger, 2016).

인공지능과 일의 의미는 다소 거대한 담론 같아 보이지만, 인공지능 기술은 맥락적, 과업적, 사회적 요인으로서 일의 의미에 영향을 줄 수 있다. 인공지능 기술은 4차 산업 혁명의 주된 이유라고 불릴 정도로 영향력 있는 시대적, 맥락적 요인이다. 즉 인공지능 기술 시대에서 일을 하고 있다는 그것이 작업자의 태도와 일의 의미에 영향을 줄 수 있다. 실제로 미디어에서 들리는 인공지능 기술과 관련된 소식은 일을 하지 않을 때에도 사람들의 일에 대한 생각과 의미에 영향을 주는 요인이다(박지영·정예슬, 2020).

동시에 인공지능 기술은 하루하루 일터에서 과업을 수행하는 방식과 상호작용하는 방식 그리고 나의 기분에 영향을 주는 근접한 요인이기도 하다. 일터에서 인공지능 기술이 적용되고 이런 기술을 사용해서 일을 한다는 것은 일의 의미, 일에 대한 생각, 일터의 관계, 일의 결과물에 영향을 줄 수 있다.

일의 의미에 영향을 주는 요인

인공지능 기술로 인해 변화하는 시대 속에서 개인과 조직, 그리고 사회가 일의 의미를 이해하고 이를 지키고 또 향상할 필요가 있다. 이 책의 1장에서는 일의 의미의 정의와 일의 의미의 주요한 원천에 대해서 설명한다. 일의 의미가 무엇이며, 인공지능 기술과 인공지능 시대가 일의 의미에 어떤 식으로 영향을 미칠 수 있는지 개관했다. 일의 의미의 주요한 경로인 자기와 타인, 주도성과 관계성의 경로를 설명했다. 또 인공지능 시대와 인공지능 시스템이 이러한 경로에서 어떻게 일의 의미에 영향을 미치는지 스케치하고자 했다.

2장에서는 인공지능 기술에 대한 작업자의 다면적인 태도에 대해서 설명했다. 인공지능 기술을 사용한다고 해서 일의 의미가 갑자기 낮아지거나 높아지는 등 한 방향으로 일의 의미가 변화하지는 않는다. 인공지능 기술 개발이 동반하는 변화는 어떤 측면에서는 일의 의미를 높일 수 있지만 또 어떤 측면에서는 일의 의미를 낮출 수 있다. 즉 인공지능 기술에 대한 작업자의 태도는 매우 다차원적이고(multidimensional) 각각의 차원이 인공지능 기술 도입에 어떻게 영향을 받는지 다각도에서 살펴볼 필요가 있다. 인공지능 시대에 일의 의미를 이해하기 위해서는 우선 일터의 구성원들이 인공지능 기술에 대해 갖는 다면적인 태도가 어떻게 구성되는지 이해할 필요가 있다.

인공지능 기술 도입에 대한 작업자들의 태도는 정서적, 인지적 태도로 구성된다(Park et al., 2024). 인공지능 기술의 도입으로 흥미, 만족과 같은 긍정 정서를 느끼기도 하지만 불안, 짜증과 같은 부정 정서적 반응도 흔하게 관찰된다(Gkinko & Elbanna, 2022). 인공지능 기술과 관련된 생각, 즉 인지적인 측면도 다차원으로 구성된다. 기술에 대한 유용성 인식이 주요한 차원이지만 인공지능 기술 고유의 특징인 자율성에 대한 인식, 그리고 의인화에 대한 인식도 인공지능 기술에 대한 신뢰, 만족 등을 통해 일의 의미에 영향을 줄 수 있다(Glikson & Woolley, 2020; Park et al., 2024). 인공지능 기술 적용에 대해서 작업자들은 어떤 태도를 가지고 있는지 각 태도를 이해한 후, 이 태도가 일의 의미와 어떻게 관계되는지 파악할 필요가 있다.

3장부터 구체적으로 인공지능 기술에 대한 작업자의 심리적 요인과 일의 의미에 대해서 논의했다. 3장에서 5장까지 인공지능 기술의 적용이 작업자의 기본적 심리 욕구인 자율성, 관계성, 유능성에 미치는 영향을 알아보고자 한다. 이 세 가지는 인간이면 누구나 가지고 있는 욕구로 알려져 있다. 많은 연구 결과, 이 세 가지 욕구가 충족되면 사람들은 일에서 의미를 느낄 뿐 아니라, 일에 만족하고, 일을 더 잘하는 것으로 나타났다(Ryan & Deci, 2000). 일에서 자율적인 선택권을 가지고, 일을 하면서 유능성을 느끼고, 일터 안에서 느끼는 관계의 질이 좋을수록 사람들은 일의 의미를 높게 느낀다. 인공지능 기술과 심리적 욕구는 인공지능 기술이 일터에 도입되면서 산업 및 조직 심리 영역에서 가장 먼저 그리고 가장 많이 연구된 분야다.

3장에서는 자율성의 욕구와 인공지능 기술의 관계를 확인할 예정이다. 자율성의 욕구는 자유, 선택 등과 관계된 심리적 욕구다(Ryan & Deci, 2000). 인공지능 기술의 적용이 인간의 자율성을 해칠 때 기술에 대한 태도는 부정적으로 변화한다. 기술에 대한 태도뿐 아니라, 일과 동료에 대해서도 부정적인 태도와 행동을 보인다는 결과가 누적되어 있다. 인공지능 기술을 개발하고 적용할 때 인간의 자율성 욕구를 이해하는 것이 필요하다.

이어서 4장에서는 유능성의 욕구와 인공지능 기술의 관계에 대해 살펴보았다. 유능성의 욕구는 인공지능 기술이 적용된다고 해서 반드시 훼손을 받지는 않는다. 오히려 어떤 사람들은 인공지능 기술을 활용하여 증강된 능력을 경험하고 심리적 임파워먼트(empowerment)를 경험하기도 한다. 반면 어떤 사람들은 인공지능 기술의 적용으로 일에서 유능함을 발휘하는 경험이 낮아져 일의 의미의 하락을 경험하기도 한다. 소위 사람에 따라, 상황에 따라 인공지능 기술의 적용이 유능성의 욕구에 미치는 영향은 다변적인 것으로 파악된다. 유능성의 욕구 충족에서는 누구에게 어떤 종류의 인공지능 기술을 적용할 것인가가 중요한 부분이다.

인공지능 기술과 관계성의 욕구에 대해서 5장에서 살

펴보았다. 일의 의미에서 가장 핵심적인 원천 중 하나는 타인이다(Rosso et al., 2010). 일터를 둘러싼 타인, 즉 동료, 상사, 고객과 느끼는 관계성은 일의 의미를 향상하는 주요한 원천이다. 또 관계성의 다른 측면은 사회와의 연결성이다. 일을 통해서 더 나은 사회를 만드는 데 기여하고 있다는 생각 역시 일의 의미의 중요한 원천이다. 인공지능 기술은 일정 부분 관계성의 욕구를 채우는 도구가 되기도 하지만 사람과의 유대를 완전히 대체할 수는 없다. 또한 인공지능 기술의 도입으로 인한 관계성의 공백이 일의 의미에 미치는 영향과 이를 보완할 방법을 이 장에서 설명했다.

인공지능 기술의 적용에 대한 작업자들의 인지적 반응과 함께 정서적 반응을 이해하는 것도 중요하며 6장과 7장에서 이와 관련된 주제를 다루고자 한다. 새로운 기술 수용과 관련된 다양한 이론에서는 기술에 대한 인간의 인지적인 측면에 주목했다. 예를 들어 기술 수용 모델(technology acceptance model)에 따르면, 사람들은 기술이 유용하고(useful) 쓰기 편하다고 지각하면(perceived ease of use) 해당 기술을 사용한다(Davis, 1989). 유용성과 사용 편이성이 핵심이다. 실제로 챗지피티(ChatGPT)와 같은 생성형 인공지능 프로그램이 이렇게 빠르게 전파되고 사용될 수 있는 것은 유용하면서도 사용하기 쉽기 때문이다.

하지만 사람들의 기술 사용과 수용에 영향을 주는 것은 그뿐일까? 챗지피티의 출시 후 이 앱의 사용자가 가파르게 상승했던 이유는 소위 지브리(Ghibli) 효과 때문이다. 챗지피티-4o의 출시와 이를 이용한 일본 애니메이션 스튜디오인 지브리 스타일 이미지가 유행하면서, 전 세계 주간 활성 사용자 수는 4억에 육박했다고 한다(Reuters, 2025). 사용하기 쉽고, 유용하기도 하지만, 재미, 즐거움, 신기함, 유머와 같은 정서적인 요소 역시 중요한 요인이라는 것을 알 수 있다.

그러나 갑자기 국내에서 지브리 프로필의 열풍을 잠재운 것은 사생활 침해와 저작권 침해에 대한 두려움과 걱정과 같은 부정 정서가 작동한 결과다. 이러한 정서적 반응은 일터의 구성원에게도 주요한 요인이다. 특히 일터는 공동의 목표 달성을 위해 구성된 조직으로, 성취와 성과를 강조하는 맥락에서 볼 때 인공지능 기술 도입으로 직무에 대한 불안정성이 부각된다. 작업자들의 위협과 부정 정서 경험을 이해하고 관리하는 것이 필요하다.

이와 같은 정서적 경험과 일의 의미에 대해 6장과 7장에서 소개했다. 6장에서는 인공지능 기술로 인한 긍정 정서와 관련된 경험, 7장에서는 부정 정서와 관련된 경험과 일의 의미의 관계를 논했다.

일은 다양한 과업으로 구성되어 있으며 인공지능 기술이 과업 및 직무 특성에 미치는 영향을 8장에서 살펴보았다. 인공지능 기술이 과업에 적용되면 어떠한 과업 특성에 영향을 미치고, 이러한 주요 과업 특성이 일의 의미에 미치는 영향은 무엇인지 산업 및 조직 심리, 경영학 이론에 근간해서 설명하고자 했다. 특히 핵심 직무 특성인 자율성, 피드백 등을 중심으로 인공지능 기술이 일의 의미에 미치는 영향을 살펴보았다.

9장과 10장에서는 인공지능 기술을 활용하여 일의 의미를 향상할 방안을 소개했다. 9장에서는 개인의 측면에서, 10장에서는 조직의 측면에서 관련 연구와 실천 방안을 논했다. 작업자 측면에서는 작업자의 능동적인 측면을 조망한 직무 크래프팅 이론을, 인공지능 기술 적용에 접목한 사례를 소개했다. 기존 직무 특성과 관련된 이론에서는 인간을 다소 수동적인 존재로 간주했지만, 직무 크래프팅 이론에서는 인간을 능동적인 존재로 간주하며 과업을 조물조물 변화시켜 의미 있는 일을 만들어 낼 수 있는 존재로 바라본다(Wrzesniewski & Dutton, 2001). 이 이론을 접목하여, 인공지능 기술에 대응하거나 활용해서 일에 대한 생각을 재구성하고, 과업을 조정하며 관계를 확장하여 일의 의미를 재구성하는 사례를 소개했다. 또 인공지능 기술 적용과 같은 사건을 건설적으로 대응하는 성격 요인에 대해서도 논했다. 개인의 내적 통제 소재, 회복 탄력성, 학습 목표 지향의 특성과 이를 향상할 수 있는 방법을 설명했다.

마지막 10장에서는 조직의 측면에서 일의 의미를 유지, 재구성, 향상할 수 있는 방법들을 소개했다. 인공지능 기술의 도입은 한 번의 사건으로 끝나는 것이 아니다. 인공지능 기술의 도입으로 인한 변화 속에서 조직 구성원이 겪는 다양한 생각, 정서의 차원을 이해하는 것이 우선시 되어야 한다. 그리고 각 차원을 어떻게 조율, 변화할 수 있는지 포괄적인 관점과 접근이 필요하다. 인공지능 기술의 효과성뿐 아니라 변화에 수반되는 불안을 낮추고, 동시에 인공지능 기술에 대한 수용도와 조직에 대한 신뢰를 높이는 고민과 실행이 필요함을 논의했다.

일을 하는 한, 의미는 필요하다.

인공지능 기술의 발전을 비롯한 사회적 변화로 인해 일의 의미와 일을 바라보는 관점이 변화하고 있다. 일을 수행하는 방식, 일터의 관계에 대한 인식, 일 자체에 대한 관점과 의미가 한국뿐 아니라 세계에서 변화하고 있다는 것이 느껴진다. 일이라는 것이 다소 가치를 잃어 가고 있는 것 같기도 한 조직 구성원의 몰입 수준의 저하는 인공지능 기술 도입 전부터도 대두된 문제였다. 인공지능 기술은 이러한 몰입의 저하와 일에 대한 냉소주의를 가속화하는 것처럼 보이기도 한다.

실제로 인공지능을 비롯한 기술의 발전은 사람들의 신체적, 정신적 노동을 줄이는 방향으로 변화하고 있다. 인공지능 기술에 대한 의존도가 높아지면서, 앞으로의 시대는 노력을 쏟지 않아도 되는, 소위 제로 에포트(zero effort)의 시대가 될 것이라고 이야기한다. 하지만 노력 혹은 노동이 없는 시대가 되는 것이 인간의 안녕감 그리고 사회의 건강에 좋은 것일까?

인간은 안타깝게도, 또 흥미롭게도 무엇인가를 하는 것을 좋아하는 존재다. 《사이언스(Science)》에 실린 티모시 윌슨(Timothy Wilson) 박사와 동료들이 진행한 연구에 따르면(Wilson et al., 2014) 사람들은 아무것도 하지 않기보다는 무엇인가 하는 것을 좋아한다. 참가자들을 아무것도 하지 않고 생각만 하는 조건과 무엇인가 하는 조건으로 나누었다. 무엇인가 하는 조건에서는 책 읽기, 웹서핑과 같이 사소하고 일상적인 일을 하게 했다.

열한 개의 실험 결과 사람들은 무엇인가를 하는 조건에서 더 행복해했다. 대단한 일을 하고 있을 필요도 없었다. 심지어 약간 부정적인 행위인, 신체적 건강에는 지장이 없는 수준의, 전기 자극을 스스로에게 가하는 일이어도 '무언가를 하는 것(doing something)'을 더 선호했다.

인간에게는 근원적으로 바쁘고 싶은 욕구(need for busyness)가 존재한다(Yang & Hsee, 2019). 이 동기의 끝에는 스스로 유능하고 쓸모 있는 사람이길 바라는 욕망이 자리하고 있다. 전통적으로 일은 인간의 유능성을 발휘할 수 있는 영역이다. 또 일은 유능성뿐 아니라 자율성과 관계성을 충족하는 터전이기도 하다. 나의 유능함을 자유 의지에 근거하여 표현하고 또 타인에게 인정받고 그들과의 관계를 안정적으로 유지할 수 있는 터전이다.

일이 아닌 영역에서도 인간은 유능성, 관계성, 자율성과 같은 욕구를 충족할 수도 있다. 하지만 사람들은 소위 '본업'을 잘할 때 더 기쁘다. 우리도 본업을 잘하는 사람을 칭송하지 않는가. 조직 심리 연구에서도 레저와 같은 영역에서 심리적 욕구를 부분적으로 채울 수 있는 것이 밝혀졌다. 하지만 이는 일에서 채울 수 없는 부분을 보완하는 정도이지 일의 영역을 완전히 대체할 수는 없다

(Vogel et al., 2016). 유능성은 자신의 기술 수준이 향상되는 것뿐만 아니라 관계를 쌓고, 사회에 기여하는 등 다양한 활동을 통해서 충족될 수 있다. 일은 이러한 기본적인 심리적 욕구를 충족할 수 있는 핵심적이고 근원적이고 안정적인 영역이다. 인간은 일을 하는 한 그 일에서 의미를 느끼고자 한다. 일에서 일정 수준의 의미를 느낄 때 개인은 행복하고 건강하게 살 수 있으며, 이런 사회가 건강한 사회다.

일을 너무 긍정적으로, 너무 부정적으로도 볼 필요는 없다. 다만 어떤 분야에서 일을 하기로 했으면 그 일에서는 의미를 느끼는 것이 필요하다. 꿈꾸던 일과 직장이어서 일을 하는 것만으로도 행복을 느끼는 사람도 있을 수 있다. 하지만 그렇지 않은 사람들이 많고 그렇지 않은 순간들이 실제로 더 많을 수 있다.

이에 일의 의미를 지각하게 하고, 일에서 의미를 느낄 수 있는 다양한 제도적, 개인적 노력이 필요하다. 매일의 정서가 일의 의미에 영향을 준다는 것을 감안할 때 인공지능 기술 도입과 같이 불확실성의 시대에서는 부정 정서를 줄이고 긍정 정서를 높이는 노력이 필요하다. 불안을 관리하는 것이 선행되어야 하지만, 긍정 정서를 높이는 노력도 필요하다. 긍정 정서에서도 즐거움, 흥미뿐 아니라 인공지능 기술을 통해 변화한 환경에서 자부심이나 감사 같은 긍정 정서를 느낄 수 있는 환경을 조성하는 것도 필요할 것이다.

변화에 발맞추기 위해 일터와 조직에서 인공지능 기술을 개발하고 적용하는 것은 필수다. 그러나 이러한 변화 속에서 조직 구성원과 작업자가 무엇을 느끼고, 어떻게 생각하며, 어떤 방식으로 반응하는지를 이해하고 조율하려는 노력 또한 필요하다. 특히 일의 의미를 유지하려는 시도가 병행되지 않는다면, 구성원들은 점차 일에 대한 열의와 몰입을 잃고, '왜 일을 해야 하는가' 하는 의문을 품은 채 일터를 오고 다닐 수 있다. 이렇게 되면 일터는 관계 형성과 과업 수행에 소극적인 사람들로 가득 찰 것이다.

또 개인의 삶 전체에서 일이라는 주요 영역에서 의미를 느끼지 못한다면, 삶의 다른 영역에 그 부정적인 영향력이 퍼질 수 있다. 삶은 일, 가정, 레저, 일터 밖의 관계 등 다양한 집합들로 구성되어 있으며, 서로의 영역은 교차하며 영향을 준다. 삶의 주요 영역인 일에서 느끼는 의미 부재는 일터, 관계, 가정 등 다양한 영역에 부정적인 영향을 미칠 수 있다. 이에 일의 의미를 유지하고 형성하기 위한 개인적, 조직적 노력이 동반되어야 한다.

이 책에서 다루지 못한 인공지능과 일의 의미와 관련된 다른 많은 주제도 존재한다. 일의 의미를 이해하기 위해서 일이 아닌 영역에 대한 이해가 동반되어야 한다. 인공지능 기술이 발전함에 따라 사람들의 노동 시간은 상대적으로 줄어들고 일이 아닌 영역이 삶에서 차지하는 비중이 커질 수 있다. 대표적으로 레저와 같은 영역이 있다. 예를 들어 한 사람이 일터 밖의 레저 동호회의 사람들과 관계성이 매우 튼튼하다면 일터 안에서 관계성의 욕구가 다소 약할 수 있다. 일반적으로 인공지능 기술 도입으로 사람들은 일터 내에서 사회적 공백이나 외로움을 경험한다. 레저 동호회와 같이 일터 밖의 관계가 안정적인 사람들에게는 일터에서의 인공지능 기술 적용이 야기하는 외로움의 수준이 낮을 수 있다. 하지만 일터의 관계성이 늘 얕은 상태로 유지되기 때문에 일의 의미는 낮게 유지될 수 있다. 이 사람의 일의 의미 향상을 위해서는 관계성이 아닌 다른 기본적인 심리적인 욕구인 자율성과 유능성을 충족하는 것이 더 필요할 수 있다.

또 이 책에서는 인공지능 시스템 및 에이전트의 다양한 종류에 대해서는 구체적으로 다루지 않았다. 인공지능 시스템을 도입할 때 인공지능 시스템의 종류도 주요한 변인이 될 수 있다(Glikson & Woolley, 2020). 이 책에서는 인공지능 시스템을 일반적이고 추상적인 객체(entity)로 간주한 연구(Park et al., 2024), 사내 IT 헬프데스크 역할을 하는 챗봇을 활용한 연구(Karunakaran et al., 2025) 등을 소개했다. 참고로 해당 연구에서 사용한 인공지능 기술의 종류를 구체적으로 전달하려고 노력했지만 그것이 주안점은 아님을 밝히고자 한다.

인공지능 시대에 접어들면서, 일의 본질과 의미에 대한 재논의가 활발히 이루어지고 있다(Selenko et al., 2022). 인공지능 기술의 도입과 이를 활용한 업무 방식, 그리고 인공지능 에이전트와의 협업은 이제 피할 수 없는 현실이 되었다. 인공지능 기술이 미치는 맥락적, 과업적, 사회적 영향력을 고려하면서 이러한 요인들이 작업자의 다차원적 태도와 일의 의미에 미치는 영향을 세부적으로 살펴볼 필요가 있다. 이를 통해 일의 본질을 재조명하고, 일의 의미를 재구성할 수 있는 방안을 모색해야 한다.

인공지능 기술이 야기하는 다양한 변화를 경험하고 있다. 일터의 구성원과 조직, 그리고 사회 전체가 일에서 의미를 찾고, 이를 회복하며, 지속적으로 유지할 수 있는 다양한 노력이 필요한 시점이다.

참고문헌

박지영 · 정예슬(2020). "인공지능의 유능함에 대한 인식이 직장인의 직무 불안정성과 냉소주의에 미치는 영향: 일의 의미의 조절된 매개효과". 《한국심리학회지: 산업 및 조직》, 33(2), 145~175쪽.

Allan, B. A. et al.(2019). Outcomes of meaningful work: A meta-analysis. *Journal of Management Studies, 56*(3), pp.500~528.

Bankins, S. & Formosa, P.(2023). The ethical implications of artificial intelligence (AI) for meaningful work. *Journal of Business Ethics, 185*(4), pp.725~740.

Bawuro, F. A. et al.(2019). Mediating role of meaningful work in the relationship between intrinsic motivation and innovative work behaviour. *International Journal of Scientific and Technology Research, 8*(9), pp.2076~2084.

Blau, P. M.(1964). *Exchange and power in social life.* John Wiley & Sons.

Davis, F. D.(1989). Perceived usefulness, perceived ease of use, and user acceptance of information technology. *MIS Quarterly, 13*(3), pp.319~340.

Glikson, E. & Woolley, A. W.(2020). Human trust in artificial intelligence: Review of empirical research. *Academy of Management Annals, 14*(2), pp.627~660.

Karunakaran, A. et al.(2025). Artificial Intelligence at work: An Integrative perspective on the impact of AI on workplace inequality. *Academy of Management Annals,* 19(2).

Lips-Wiersma, M. & Wright, S.(2012). Measuring the meaning of meaningful work: Development and validation of the

Comprehensive Meaningful Work Scale (CMWS). *Group & Organization Management, 37*(5), pp.655~685.

Martela, F. & Steger, M. F.(2016). The three meanings of meaning in life: Distinguishing coherence, purpose, and significance. *The Journal of Positive Psychology, 11*(5), pp.531~545.

Maunz, L. A. & Glaser, J.(2024). Longitudinal dynamics of psychological need satisfaction, meaning in work, and burnout. *Journal of Vocational Behavior, 150,* 103971.

Reuters(2025.2.20). Open AI's weekly active users surpass 400 million.

Rosso, B. D. et al.(2010). On the meaning of work: A theoretical integration and review. *Research in Organizational Behavior, 30,* pp.91~127.

Ryan, R. M. & Deci, E. L.(2000). Self-determination theory and the facilitation of intrinsic motivation, social development, and well-being. *American Psychologist, 55*(1), pp.68~78.

Selenko, E. et al.(2022). Artificial intelligence and the future of work: A functional-identity perspective. *Current Directions in Psychological Science, 31*(3), pp.272~279.

Shilo-Levin, S. et al.(2021). Feeling older can be advantageous: A study on generativity, meaning in work and life satisfaction in Israeli workplaces. *Journal of Happiness Study, 22,* pp.2873~2887.

Steger, M. F. et al.(2012). Measuring meaningful work: The work and meaning inventory (WAMI). *Journal of Career Assessment, 20*(3), pp.322~337.

Van den Broeck, A. et al.(2016). A review of self-determination theory's basic psychological needs at work. *Journal of Management, 42*(5), pp.1195~1229.

Vogel, R. M. et al.(2016). Engaged and productive misfits: How job crafting and leisure activity mitigate the negative effects of value congruence. *Academy of Management Journal, 59*(5), pp.1561~1584.

Wilson, T. D. et al.(2014). Just think: The challenges of the disengaged mind. *Science*, 345(6192), pp.75~77.

Wrzesniewski, A., & Dutton, J. E.(2001). Crafting a job: Revisioning employees as active crafters of their work. *Academy of Management Review*, 26(2), pp.179~201.

Yang, Y., & Hsee, C. K.(2019). Relevance insensitivity: A new look at some old biases. *Organizational Behavior and Human Decision Processes*, 152, pp.1~15.

01
일의 의미의 정의와 원천

일의 의미의 정의와 일의 의미에 영향을 주는 요인을 살펴본다. 일의 의미는 자신의 일이 중요하고 가치 있으며 목적이 있다고 인식하는 정도다. 일의 의미는 자기와 타인, 주도성과 관계성이라는 경로를 통해 형성될 수 있다. 인공지능 기술이 일의 의미의 경로에 미치는 영향을 살펴보았다.

기후 위기와 인공지능?

일의 의미의 정의

일의 의미(meaning of work)는－다양하게 정의될 수 있지만－개인이 자신의 일이 중요하고 가치 있으며 목적이 있다고 인식하는 정도를 뜻한다(Lips-Wiersma & Wright, 2012; Steger et al., 2012). 조직 심리학에서 일의 의미는 '일이 무엇인가(what work means)'에 대한 논의도 포함할 수 있지만, 일반적으로는 '일이 의미가 있다고 느끼는 정도(work meaningfulness)'에 초점을 둔다. 이 책에서도 일의 의미를 일에서 느끼는 의미의 수준에 초점을 두었다.

조금 더 구체적으로 일의 의미를 정의한 대표적인 학자인 마이클 스테거(Michael Steger) 박사에 따르면 (2012), 일의 의미는 세 가지 차원, 즉 일에서 긍정적인 의미를 느끼는 것(positive meaning in work)과 일을 통한 의미 만들기(meaning-making), 더 큰 선을 위한 동기(greater good motivation)로 나눌 수 있다.

일에서 긍정적인 의미를 느끼는 것은 삶과 일의 목적을 달성하는 데 일이 의미 있고, 개인적으로 중요하다고 생각하는 것을 뜻한다. 삶의 여러 영역 중, 일이라는 영역이 중요하며 내 삶의 목표를 달성하는 데 일이 중요하다고 생각하는 정도다.

의미 만들기는 일이 자신과 자신을 둘러싼 환경과 세계를 이해하는 데 기여한다고 생각하는 정도를 뜻한다. 이 차원은 일을 함으로써 자기와 자기를 둘러싼 상황을 더 잘 이해하게 되는 것을 지칭한다. 일을 통해 나의 새로운 모습을 발견하기도 하고, 일을 하면서 세상을 더 잘 이해하게 되기도 하는 것을 설명하는 차원이다. 특정 직업에 오래 종사하게 되면 세상을 보는 눈이 달라지기도 한다. 회계사로 20년을 산 사람과 마케터로 20년을 산 사람이 현상과 삶을 이해하는 방식이 다를 수 있다. 어떤 조직을 바라볼 때 회계사들은 재무제표를 통해 그 조직과 조직의 업을 이해하는 것이 쉬울 수 있다. 반면 마케터는 브랜딩 전략과 회사 이미지를 통해 그 조직과 업을 우선적으로 해석할 수 있다. 조직뿐 아니라 사회와 주변의 일들을 해석하고 평가하면서 의미를 만들 때 내가 하는 일이 참고 틀(frame of reference)의 역할을 할 수 있다. 이러한 차원이 일을 통한 의미 만들기다.

마지막으로 더 큰 선을 위한 동기는 일을 통해서 나를 넘어선 더 넓은 공동체와 사회에 기여하고 있다는 생각을 하는 것이다(Steger et al., 2012). 출판업에 종사하는 사람이 유용한 책을 발간함으로써 세상에 더 나은 지식을 전파하고 있다고 생각한다면 더 큰 선을 위한 동기가 움직여 일의 의미를 느끼게 되는 것이라고 할 수 있다.

일의 의미에 대한 정의는 다양하지만 공통적으로 일이 개인적으로 사회적으로 중요하다고 '지각하고 느끼는' 차원이 포함된다. 객관적인 과업의 특성이 아니라 개인이 자신의 일을 중요하고 가치가 있다고 생각하는 주관적인 수준이 중요하다. 즉 객관적으로 일의 의미가 높은 일, 낮은 일이 있다기보다 사람들이 지각하는 수준에 따라 일의 의미는 달라질 수 있다는 뜻이기도 하다.

이러한 맥락에서 일의 의미는 자기 보고식(self-report)으로 측정한다. "저 사람은 일을 의미 있게 지각하고 있다"는 식의 타인의 평가도 의미 있을 수 있지만, 그보다 자신이 자신의 일이 가치 있고, 사회에 기여한다고 생각하는 그 수준을 측정한다. 즉 동일한 일을 해도 사람마다 일을 바라보는 관점과 일에서 느끼는 의미 수준이 다를 수 있다는 것을 뜻하기도 한다.

실제로 비서들을 대상으로 한 설문 연구에 따르면(Wrzesniewski et al., 1997) 동일한 비서직에서도 3분의 1에 해당하는 응답자는 높은 수준의 일의 의미를 느꼈다. 자신의 일을 통해 사회에 기여하고 있으며 돈을 받지 않아도 이 일을 할 것이라고 응답했다. 하지만 또 다른 3분의 1의 사람들은 자신의 일을 돈을 버는 수단이라고만 생각했으며, 충분히 돈이 있다면 일을 하지 않겠다고 응답했고, 낮은 일의 의미 수준을 보였다.

이처럼 일의 의미는 다면적이며, 주관적이고, 변화 가능하다. 다면적이라는 것은 일의 의미에 영향을 주는 요인과 일의 의미가 영향을 미치는 요인도 다양할 수 있다는 것을 뜻한다. 또 주관적이며 변화 가능하다는 것은 개인의 생각, 관점, 조직과 사회의 노력에 따라 일의 의미는 하락할 수도 높아질 수 있다는 것을 뜻하기도 한다.

일의 의미 경로의 두 개의 축: 자기와 타인, 주도성과 관계성

일의 의미에 영향을 미치는 요인은 개인(person)과 상황(situation) 요인으로 나눠서 생각할 수 있다. 일의 의미뿐 아니라 인간의 정서, 인지, 행동의 원인을 파악할 때, 개인적 요인과 상황적 요인으로 나눌 수 있다. 개인적 요인에는 생물학적 요인인 성별, 나이에서 시작해서 성격, 자기에 대한 개념 등이 포함된다. 상황적 요인에는 조직의 구성원일 경우 과업 특성과 팀 구성원, 상사의 특징을 비롯한 팀 수준의 요인, 조직 문화 등이 포함될 수 있다. 더 나아가 나라의 문화적 특성 역시 일의 의미에 영향을 주는 상황적 요인일 수 있다. 어떤 심리적 개념이든 다양한 많은 요인이 영향을 주는 것은 사실이지만 주요한 원인과 경로를 찾는 것이 필요하다. 일의 의미의 주요 원천을 간단히 소개하고자 한다.

일의 의미에 이르는 주요 경로는 두 축으로 나누어 사분면으로 설명할 수 있다(Rosso et al., 2010). 한 개의 축은 자기와 타인, 또 다른 축은 주도성(agency)과 관계성(communality)이다(Rosso et al., 2010). 자기와 타인의 축은 일의 의미의 주체와 관련된다. 자기와 타인의 축은 주도성과 관계성의 측면으로 나눌 수 있다. 자기의 축에서 주도성은 자기 지향적 경로(self-oriented path)라고 지칭하며 일에서 개별화(individuation)와 일에서 자기 연결(self-connection)을 느낄 때 일의 의미를 느낀다는 것을 설명한다. 일이 개인의 고유함을 표현하고, 일을 통해 유능성을 드러내며, 개인적 목표를 달성할 때 일의 의미를 느낄 수 있다. 이 경로는 자율성, 유능성, 자기 효능감 등과 관련된다.

반면 자기의 축에서 연결성과 관련된 경로의 핵심에는 자기 진정성(authenticity)이 존재한다. 자기와의 연결성을 자기 진정성이라고 표현했다. 일을 통해 진정한 자기(true self)와 '나다움'을 느끼고 진솔하게 자기표현이 가능할 때 일의 의미를 향상할 수 있다고 설명한다.

일터에서 혹은 일을 할 때 가식적이지 않다고 느끼고, 나답다고 느끼는 순간이 많을수록 일터에서 자기 진정성이 높아지고 이러한 경험과 생각이 일의 의미를 향상할 수 있다.

다음은 타인 지향적인 경로다. 개인을 넘어서 타인이나 집단과의 관계, 기여, 연결이 일의 의미 형성에 기여한다는 것을 뜻한다. 일을 둘러싼 타인들은 동료, 상사, 고객 그리고 사회를 포함하는 개념이다(Rosso et al., 2010). 타인 지향적인 경로 역시 주도성 측면과 연결성 측면으로 나뉜다.

타인 지향적인 경로로 주체성과 관련되는 것은 일을 통해 기여(contribution)한다는 인식이다. 개인이 자신의 일이 타인, 조직, 또는 더 넓은 사회에 긍정적인 영향을 미친다고 인식할 때 일의 의미가 높아질 수 있다. 이 경로에서는 자신의 노력이 타인에게 도움이 되고 더 큰 선(common good)에 기여할 때 의미가 생기며, 이는 자기 초월성(self-transcendence)을 불러일으키기도 한다. 10명의 학생이 있는 수업과 100명의 학생이 있는 수업에서 교수자가 느끼는 일의 의미가 만약 다르다면 '더 많은' 사람들에게 영향을 미쳤다는 생각이 일의 의미를 향상하는 것이다.

마지막으로 타인 지향적인 경로 중 통합(unification)은 타인 간 연결감, 소속감, 그리고 공동의 목표 달성을 통한 연결감과 통합에 대한 인식의 중요성을 강조한다. 이 경로는 오랜 시간 함께해서 나를 이해해 주는 동료들과 쌓은 유대 관계, 젊은 시절 나의 모습이 곳곳에 묻어 있는 조직에 속함으로써 일의 의미를 느끼는 현상을 설명할 수 있다. 인간은 관계를 통해, 그리고 조직에서 느끼는 내재된 느낌을 통해서도 일의 의미를 느낄 수 있다.

맥락적, 과업적, 사회적 요인으로서의 인공지능과 일의 의미

인공지능은 맥락적, 과업적, 사회적 요인이다. 인공지능이 일의 의미와 그에 이르는 경로에 영향을 미친다면 인공지능 기술을 어떻게 개념화(conceptualize)할지 생각할 필요가 있다. 인공지능을 어떤 관점에서 살펴보고 개념화하는지 개괄적으로 소개하고, 3장 이후 구체적인 관계를 살펴보고자 한다.

인공지능은 맥락적 요인이다. 4차 혁명을 이끄는 선봉군으로서, 인공지능 시대 속에 있다는 것이 일의 의미에 영향을 끼친다. 나의 일이 인공지능 기술로 가까운 시일에 대체되거나 회사와 과업에서 인공지능 기술을 직접적으로 적용하는 상황은 아니라도, 인공지능 시대를 관통하고 있다는 생각이 일의 의미에 영향을 줄 수 있다. 혹은 인공지능 기술과 관련된 단서(cue)가 일의 의미에 영향을 줄 수도 있다. 다소 거시적이고 맥락적인 요인으로서 인공지능 기술이 일의 의미에 영향을 미칠 수 있다.

인공지능 기술로 인한 변화를 논의하기 전, 변화하는 환경이 일의 의미에 영향을 준다는 것을 이해할 필요가 있다. 코로나19 팬데믹 기간 동안 온 세계는 하나의 거대한 변인에 영향을 받았다. 개인의 성격, 조직 특성 등의 요인이 미미해 보일 정도로 강력한 팬데믹이라는 환경적, 맥락적 요인이 등장해서 일하는 방식에 영향을 준 셈이다. 인공지능 시대 속에 있기 때문에 명확한 시작과 끝은 없어 보이지만 인공지능 시대 혹은 인공지능 기술 도입은 하나의 맥락적 사건으로 일의 의미에 영향을 줄 수 있다.

조직 심리학자인 프레데릭 모르게슨(Frederick Morgeson) 박사에 의하면 조직에서는 다양한 사건이 발생하고 사건의 특성과 그 영향력은 다양하다. 조직에서 일어나는 모든 사건이 일의 의미에 영향을 미치는 것은 아니다. 주요 사건이라고 인식되면, 사건은 조직 구성원의 일상적 활동을 변화하고 의도적인 정보 처리를 요한다

(Morgeson et al., 2015).

사건의 특성을 몇 가지 차원으로 이론화했는데, 사건의 강도(strength), 새로움(novelty), 파격성(disruption), 중요성(criticality)의 수준으로 나누었다(Morgeson et al., 2015). 이 각 차원이 높을수록 작업자에게 영향을 미치는 주요한 사건이 될 수 있다. 인공지능 기술의 경우 시대의 흐름을 바꿀 정도로 사건의 강도가 세고, 새로우며, 파격적이다. 또 채용, 해고, 보상과 관련되어 있기 때문에 개인에게 중요성이 부각되는 사건이다. 인공지능 시대를 살고 있다는 것과 인공지능 기술 도입은, 4차 산업혁명이라고 일컬을 수준의 강도 높은 사건이며, 일의 의미에 영향을 미칠 수 있는 맥락적 요인이다.

인공지능 기술을 비롯한 큰 변화는 불확실성을 초래하고, 인간은 불확실성 속에서 통제감을 잃는 것을 싫어한다(Whitson & Galinsky, 2008). 불확실한 상황에 처하게 되면 인간은 통제감을 찾고자 기존의 의미를 재검토하고 새로운 의미를 찾는 과정을 촉진한다. 자신의 직업과 조직에서 직접적으로 인공지능 기술이 적용되지 않더라도, 인공지능 기술로 변화하는 사회를 생각하면 혼란스러운 것이다.

실제로 자신의 과업에 인공지능 기술이 적용되지 않

더라도 인공지능 기술 시대에 살고 있다고 지각하면 사람들의 일에 대한 정서적 반응, 인지적인 태도와 일에 대한 생각이 달라진다. 인공지능 기술과 관련된 뉴스를 보는 것만으로도 직무 불안정성을 느끼고, 일에 대한 냉소주의가 높아지기도 한다. 인공지능 기술이 발전하고 있으며 성능이 좋다는 신문 기사를 읽으면 일에 관심을 두지 않거나 감정적으로 거리를 두며 "내 일이 별 의미 없다"는 생각이 많아지기도 한다(박지영 · 정예슬, 2020).

인공지능 기술은 과업 특성에 영향을 미치는 요인이다(Bankins & Formosa, 2023). 과업 자체를 대체하거나 변화시킬 수 있으며, 과업을 수행하는 방식을 바꿀 수 있다. 단순한 일이 대체되고 난이도가 높은 과업을 수행하게 되어 일에서 더 큰 유능성을 느끼고 일의 의미가 높아질 수도 있다. 반면 인공지능 기술로 인해 일터에서 모니터링이 강화되어 자율성이 제한될 수 있으며, 이는 일의 의미의 하락으로 이어질 수도 있다. 이러한 측면은 인공지능 기술을 과업적 요인으로 개념화하는 것이다.

마지막으로 인공지능은 사회적 요인이기도 하다. 사람-인공지능 팀(Human-AI Team)에서 인공지능 에이전트는 팀 구성원으로서 일터 내 전반적인 상호작용의 방식과 관계에 대한 인식에 영향을 미친다(Flathmann et al., 2023). 인공지능 에이전트가 사람과의 상호작용을 대체하기도 하고, 팀 내 상호작용을 더 원활하게 만들 수도 있다. 또 이미 어떤 사람들은 인공지능 에이전트에게서 지지(support)를 받는 수준이 아니라 인공지능 에이전트에 의존(dependency)하거나 혹은 중독되는 단계로 들어서기도 했다(Zhang et al., 2024). 빈번하고 과도한 인공지능 기술의 사용은 인공지능 에이전트와 사용자의 관계, 그리고 다른 동료와의 관계에 영향을 줄 수 있는 요인이 된다. 이렇게 인공지능은 맥락적, 과업적, 사회적 요인으로 일터와 조직의 구성원의 일의 의미에 영향을 줄 수 있다.

참고문헌

박지영 · 정예슬(2020). “인공지능의 유능함에 대한 인식이 직장인의 직무 불안정성과 냉소주의에 미치는 영향: 일의 의미의 조절된 매개효과”. 《한국심리학회지: 산업 및 조직》, 33(2), 145~175쪽.

Bankins, S. & Formosa, P.(2023). The ethical implications of artificial intelligence (AI) for meaningful work. *Journal of Business Ethics, 185*(4), pp.725~740.

Cartwright, S. & Holmes, N.(2006). The meaning of work: The challenge of regaining employee engagement and reducing cynicism. *Human Resource Management Review, 16*(2), pp.199~208.

Flathmann, C. et al.(2023). Examining the impact of varying levels of AI teammate influence on human–AI teams. *International Journal of Human–Computer Studies, 177*, 103061.

Lips–Wiersma, M. & Wright, S.(2012). Measuring the meaning of meaningful work: Development and validation of the Comprehensive Meaningful Work Scale (CMWS). *Group & Organization Management, 37*(5), pp.655~685.

Morgeson, F. P. et al. (2015). Event system theory: An event–oriented approach to the organizational sciences. *Academy of Management Review*, 40(4), pp.515~537.

Rosso, B. D. et al.(2010). On the meaning of work: A theoretical integration and review. *Research in Organizational Behavior, 30*, pp.91~127.

Steger, M. F. et al.(2012). Measuring meaningful work: The Work and Meaning Inventory (WAMI). *Journal of Career Assessment*, 20(3), pp.322~337.

Whitson, J. A. & Galinsky, A. D.(2008). Lacking control increases illusory pattern perception. *Science, 322*(5898), pp.115~117.

Wrzesniewski, A. et al.(1997). Jobs, careers, and callings: People's relations to their work. *Journal of Research in Personality, 31*(1), pp.21~33.

Zhang, S. et al.(2024). Do you have AI dependency? The roles of academic self–efficacy, academic stress, and performance expectations on problematic AI usage behavior. *International Journal of Educational Technology in Higher Education, 21*(1), 34.

02
인공지능 기술에 대한 다차원적 태도

일터에 인공지능 기술을 적용할 때 작업자들의 태도를 고려하여 설계하고 적용하는 것이 중요하다. 작업자들의 태도는 인지적, 정서적, 부정적, 긍정적 요소를 포함하는 다차원적인 특성을 지닌다. 또한 일터라는 고유한 맥락 역시 인공지능 기술에 대한 태도 형성에 영향을 미치는 요인 중 하나다. 작업자들의 인공지능 기술에 대한 다차원적 태도가 어떻게 구성되어 있는지 살펴보고, 각 태도의 주요 특징들을 논의했다.

노래하는 AI 보컬?

다차원적 태도

인공지능 시대 혹은 인공지능 기술의 적용에 대해서 사람들은 다양한 태도를 보인다. 인공지능 기술이 일의 의미에 영향을 미칠 때 태도라는 매개 요인을 거쳐서 일의 의미에 영향을 줄 수 있다. 이에 인공지능 기술 적용에 대한 작업자들의 주요한 태도를 이해하는 것이 필요하다.

우선 태도의 정의를 살펴보자. 태도는 '특정 대상에 대해 어느 정도의 호의 또는 비호의를 가지고 평가하는 심리적 경향성'으로 정의될 수 있다(Eagly & Chaiken, 1993). 특정 사람, 사물, 사건에 대한 평가 안에는 신념, 생각과 같은 인지적 요소 및 정서적 요소가 포함된다(Eagly & Chaiken, 1993). 한 대상에 대한 태도를 연구하고 알아야 하는 이유는 이것이 실제 행동을 예측하는 주요한 요인이 되기 때문이다. 신입 사원을 뽑을 때 '태도 좋은' 사람을 뽑고, 대학에서도 학생부에 '태도가 바르고 성실하다'는 기록을 참고해서 선발한다. 이렇게 태도를 기반으로 사람들을 선발하는 이유는 고등학교 시절의 좋은 태도가 대학에서의 좋은 태도를 예측하고 또 학업 수행을 예측하기 때문이다. 인공지능 기술에 대한 태도를 이해하는 이유는 일의 의미, 직무 태도, 궁극적으로는 일에서 주요한 행동에 영향을 줄 수 있기 때문이다.

인공지능 기술을 이해하는 데에도 일터의 구성원들이 인공지능 기술 적용에 대해서 갖는 태도를 이해할 필요가 있다. 우선 그 태도가 어떻게 구성되어 있고, 주요한 것은 무엇인지를 이해해야 한다. 결국 조직이나 일터에서는 인공지능 기술을 잘 활용해서 구성원과 조직의 안녕감과 수행을 향상하는 목적을 가지고 있다. 작업자들이 인공지능 기술에 대한 태도가 어떠한 차원으로 구성되어 있는지를 이해하고 각각을 조율할 필요가 있다. 긍정적인 태도는 향상하고, 부정적인 측면은 줄이면서 인공지능 기술을 효율적으로 사용할 수 있도록 개입할 필요가 있다.

인공지능 기술에 대한 태도는 어떻게 구성되어 있는가? 인공지능 기술을 포함한 새로운 기술에 대한 사람들의 수용을 이해할 때 기술 수용 모델(Davis, 1989)을 가장 많이 사용한다. 이 이론은 특정 기술 시스템을 사용하려는 의도가 주요하게 두 가지 요인에 의해 결정된다고 설명한다. 해당 기술이 자신의 업무 성과를 높여 줄 것이라고 믿는 정도인 인지된 유용성과 해당 기술을 쉽게 사용할 수 있다고 믿는 정도인 인지된 사용의 용이성을 주요한 요인이라고 본다. 인공지능 기술에서도 인공지능 기술의 유용성이나 사용 용이성이 직장에서 인공지능 활용 의도에 영향을 미치는 중요한 예측 요인이다.

하지만 이러한 인지적 측면 외에도 사람들은 인공지능 에이전트 및 시스템에 대해 긍정적인 정서(예: 행복, 경외) 또는 부정적인 정서(예: 두려움, 위협)를 경험한다(Shank et al., 2019). 이러한 정서적 반응 역시, 궁극적으로 향후 해당 기술을 사용하거나 상호작용할 의도, 그리고 일에 대한 태도에 영향을 미친다. 예를 들어 직장에서 인공지능 기술로 인한 직무 불안정성은 일에 대한 만족을 낮추고 이직 의도를 높이는 중요한 요인이다(Brougham & Haar, 2018; Liang & Lee, 2017).

또 인공지능 기술만이 갖는 독특한 특성에 대한 이해도 필요하다. 예를 들어 의인화(anthropomorphism) 수준이나 인공지능 기술의 자율성에 대한 인식과 같은 요인도 간과할 수 없다. 의인화는 사람들이 비인간 대상에 인간의 동기, 의도, 감정과 같은 인간적 특성을 부여하는 것을 뜻한다(Epley et al., 2007). 의인화 수준은 인공지능 기술을 일터에서 활용하거나 인공지능 기술에 대한 태도를 예측하는 중요한 요인으로 알려져 있다(Glikson & Woolley, 2020). 이러한 의인화 인식과 인공지능 기술이 스스로 학습하고 의사 결정을 내릴 수 있다고 생각하는 자율성에 대한 인식은 일반적인 기술과는 구분되는 인공지능 기술의 고유한 특성이다.

일터라는 맥락의 이해

일터는 인공지능 기술이 가장 빠르게 확산되고 있는 영역이자 경쟁과 효율성이 강조되는 영역이다(Kaplan & Haenlein, 2019). 또 일터는 조직의 목표 달성이라는 공동의 목표 아래 구성원들이 함께 움직인다. 이에 일터라는 맥락은 소비자나 일반 사용자 맥락과는 구별해서 이해해야 한다. 비슷한 기능의 챗봇을 사용해도 소비자로 사용할 때와 작업자로서 업무에서 사용할 때 사람들은 다르게 반응하고 행동할 수 있다는 점을 염두에 두어야 한다.

카페에서 커피 만드는 자동화된 로봇이 등장했을 때 소비자의 입장에서는 '재미있는데?', '라테 아트는 만들 수 있을까?' 등의 반응을 보일 수 있다. 하지만 카페에서 일하는 사람의 경우 로봇의 등장에 대해서 그저 재미있다고만 생각할 수 없을 것이다. '나는 기계와 다른 어떤 가치를 줄 수 있을까', '나의 일은 점차 대체되는 것은 아닐까' 등의 생각이 들 수 있다.

이 책은 '작업자(worker)' 혹은 일터 및 조직에 고용된 구성원(employee)에 집중하여 일터에서 인공지능 기술이 적용될 때 사람들의 태도의 구성에 대해서 알아보고자 한다. 조직 구성원이 인공지능 기술을 사용하는 행위는 일종의 혁신일 수도 있다. 또 인공지능 기술에 너무 의존하는 것은 타인에게 능력이 부족한 것이라는 신호를 제공할 수도 있다. 인공지능 기술을 일터에서 사용하는 것이 업무 효율성과 관련된 측면뿐 아니라 사회적, 정치적으로 다양한 비용 혹은 혜택으로 작동할 수 있다. 일터라는 특수성에 맞춰 인공지능 기술에 대한 태도를 이해하고 이것이 일의 의미에 미치는 영향을 고려해야 할 것이다.

인공지능 기술에 대한 작업자의 다차원적 태도

일터에서 인공지능 기술에 대해서 사람들이 갖는 주요한 태도는 총 여섯 개 차원으로 나타났다(Park et al., 2024). 여섯 개 차원은 인공지능 기술에 대한 지각된 의인화(perceived humanlikeness), 지각된 적응성(perceived adaptability), 지각된 질(perceived quality), 인공지능 기술 사용의 불안(AI use anxiety), 직무 불안정성(perceived job insecurity), 개인적 유용성(personal utility)이었다(Park et al., 2024). 한국 직장인을 대상으로 한 연구에서도 일관적으로 여섯 개 차원이 도출되었다(김시내 · 박지영, 2024).

인공지능 기술에 대한 지각된 의인화와 지각된 적응성은 인공지능 기술의 고유한 특성에 대한 인지적인 평가와 관련된 차원이다. 지각된 의인화는 인공지능이 감정이나 자유 의지처럼 인간적인 특성을 갖고 있다고 인식하는 정도며, 적응성은 인공지능 기술이 학습하고 변화하는 능력을 가졌다고 여기는 정도를 의미한다. 지각된 질은 인공지능 기술의 결과물에 대한 인지적 평가로, 인공지능 기술의 결과물의 정확성, 신뢰성, 정보의 질 등 기능적 특성을 평가하는 차원이다. 해당 차원들의 인식이 작업자에게 미치는 영향은 일관적으로 부정적이지도 긍정적이지도 않다. 예를 들어 관계성의 욕구가 강하면 인공지능 의인화 수준이 높을수록 기술에 대해 호의적이지만, 관계성의 욕구가 낮은 경우 의인화 수준이 특별히 긍정적인 영향을 미치지 않을 수 있다.

정서적 차원에는 부정 정서와 관련된 차원인 인공지능 기술 사용의 불안과 직무 불안정성이 도출되었다. 인공지능 기술 사용 불안은 직장에서 인공지능 기술 자체를 사용할 때 느끼는 불안감과 위협감을 뜻한다. 이는 혁신적인 조직 환경인지 등에 따라 다소 가변적인 요인이었다. 인공지능 기술을 사용하는 것이 다소 두렵고 어색하기도 하지만, 조직 문화와 교육에 따라서 사용과 관련된 불안은 쉽게 조정될 수 있다. 혁신적이고 개방적인 조직 문화일 경우 인공지능 기술 사용 자체에 대한 불안은 낮아질 수 있다. 인공지능 기술에 대한 기업 내 교육이나 혁신적 조직 문화의 중요성을 보여 주는 결과이기도 하다.

또 다른 부정 정서와 관련된 태도는 직무 불안정성에 대한 인식이다. 현실적으로 자신의 직업이 사라질 수 있다는 우려를 반영하며, 이는 단순한 일자리 상실을 넘어 직업과 인간 역할 자체에 대한 존재론적 불안으로 확장될 수 있다. 이는 매우 보편적으로 나타나는 인공지능 기술에 대한 반응이다. 이와 관련해서는 7장에서 구체적으로 설명했다.

마지막 차원은 인공지능 기술 사용과 관련된 개인적 유용성으로, 한국과 미국 직장인 모두에서 주요한 차원으로 도출된 태도다. 개인적 유용성은 인공지능 기술이 유용하다는 인식을 넘어, 일터에서 인공지능 기술이 자신감, 독립성, 즐거움을 높여 줄 수 있다는 긍정적인 기대를 담고 있다. 심리적 욕구 충족을 통한 긍정적인 정서적 만족도 포함하고 있는 차원으로, 이 차원이 높을 경우 인공지능 기술 사용이 일의 의미의 증가로 이어질 가능성이 높다.

마지막 차원은 지각된 질이다. 인공지능 시스템의 결과물에 대한 질적 평가에 대한 인식을 뜻한다. 이 차원은 한국과 미국 직장인에게서 다소 차이를 보였다. 미국 직장인의 경우 인공지능 기술이 제공하는 서비스, 산출물에 대한 신뢰성, 정보의 질이 질적 평가에 해당했다. 하지만 한국 직장인의 경우 정보의 질에 대한 판단에 공정성에 대한 인식이 포함되는 것으로 나타났다. 이는 인공지능의 질적인 면을 평가할 때 한국인은 미국인보다 공정성을 주요하게 생각한다는 것을 알 수 있다. 이와 같이 인공지능 기술에 대한 작업자들의 태도는 인지, 정서, 긍정과 부정의 차원을 포함하는 다차원으로 구성된다.

인공지능 기술에 대한 작업자의 다차원적 태도에 대한 실용적 함의

인공지능 기술을 도입할 때, 인공지능 기술에 대한 작업자들의 다양한 태도를 파악하고 관리할 필요가 있다. 인공지능 기술의 효과를 파악할 때 어떤 이유로 인해서 만족, 수행, 혁신 행동이 높아졌는지 혹은 어떤 차원으로 인해서 이러한 행동이 저하되는지 등을 파악할 수 있을 것이다.

예를 들어 얌(Yam) 등(2023)의 연구에서는 자율 로봇이 일터에 도입되었을 때 동료와 조직에 대한 반생산적 행동이 늘어난다는 것을 밝혔다. 인공지능 기반 자율 로봇이 도입되면 구성원들이 지각을 하거나 동료를 덜 돕는 행동을 많이 보였다. 이러한 행동 변화의 이유는 직무 불안정성 수준이 높아졌기 때문이었다. 인공지능 기술의 적용이 직무 불안정성이라는 메커니즘을 통해 반생산적 행동을 초래한다는 것을 이해하지 못하면 조직 구성원들이 서로에게 인색하게 행동하며, 해가 되는 행동을 하는 횟수가 늘어나는 이유를 이해하기 힘들 것이다.

인공지능 기술 시대 혹은 인공지능 기술로 변화하는 일의 의미를 이해할 때에도 다각도에서 작업자의 태도를 이해하는 것이 필요하다. 일반적으로 위협, 두려움과 같은 요인은 일의 의미를 낮출 수 있다. 하지만 인공지능 기술을 활용함으로써 느끼게 되는 지각된 유용성과 동반되는 즐거움은 유능성과 자율성의 욕구를 충족하여 일의 의미를 향상할 수 있다.

또 인공지능 기술과의 협업을 통한 효율성이 증가해도 사람 동료와의 관계 및 상호작용의 수준이 낮아지면 이는 일의 의미를 낮출 수도 있다. 인공지능 기술 도입이라는 과정 속에서 구성원들의 변화를 다면적으로 이해할 필요가 있다. 이러한 지식을 조직 개발, 교육에 적절히 활용하고, 소위 인간 중심의 인공지능 기술을 설계하고 적용하는 데 활용할 필요가 있다.

참고문헌

김시내 · 박지영(2024). "인공지능 기술 적용에 대한 한국 직장인의 태도: 척도 개발 및 타당화 연구". 《한국심리학회지: 산업 및 조직》, 37(2), 81~117쪽.

Brougham, D. & Haar, J. M.(2018). Smart technology, artificial intelligence, robotics, and algorithms (STARA): Employees' perceptions of our future workplace. *Journal of Management & Organization, 24*(2), pp.239~257.

Davis, F. D.(1989). Perceived usefulness, perceived ease of use, and user acceptance of information technology. *MIS Quarterly, 13*(3), pp.319~340.

Eagly, A. H. & Chaiken, S.(1993). *The psychology of attitudes.* Harcourt Brace.

Epley, N. et al.(2007). On seeing human: A three-factor theory of anthropomorphism. *Psychological Review, 114*(4), pp.864~886.

Glikson, E. & Woolley, A. W.(2020). Human trust in artificial intelligence: Review of empirical research. *Academy of Management Annals, 14*(2), pp.627~660.

Kaplan, A. & Haenlein, M.(2019). Siri, Siri, in my hand: Who's the fairest in the land? On the interpretations, illustrations, and implications of artificial intelligence. *Business Horizons, 62*(1), pp.15~25.

Liang, Y. & Lee, S. A.(2017). Fear of autonomous robots and artificial intelligence: Evidence from national representative data with probability sampling. *International Journal of Social Robotics, 9*(3), pp.379~384.

Park, J. et al.(2024). Attitudes towards artificial intelligence at work: Scale development and validation. *Journal of Occupational and Organizational Psychology, 97*(3), pp.920~951.

Shank, D. B. et al.(2019). Feeling our way to machine minds: People's emotions when perceiving mind in artificial intelligence. *Computers in Human Behavior, 98*, pp.256~266.

Yam, K. C. et al.(2023). The rise of robots increases job insecurity and maladaptive workplace behaviors: Multimethod evidence. *Journal of Applied Psychology, 108*(5), pp.850~870.

03
인공지능과 자율성, 일의 의미

인간의 기본 심리 욕구 중 자율성의 욕구에 주목하여, 인공지능 기술이 자율성과 일의 의미에 미치는 영향을 고찰한다. 자율성은 인간의 기본적 심리적 욕구로, 침해될 경우 부정적 반응이 즉각적으로 나타난다. 인공지능 에이전트가 일의 방식, 결과물을 통제하거나 지시하고 자율성을 침해하면 일에 대해 냉소주의가 높아지고 일의 의미가 저하된다.

인공지능과 편향?

자율성의 욕구와 일의 의미

인간의 기본적 심리에는 자율성, 유능성, 관계성 욕구가 존재한다. 이 세 가지 심리적 욕구는 나이, 성별, 문화에 관계없이 인간이면 가지고 있는 보편적인 심리적 욕구라 기본적(basic) 심리적 욕구라고 알려져 있다(Ryan & Deci, 2000).

자율성의 욕구는 자신의 행동이나 선택의 근원이 자신에게 있다고 믿으며, 자신의 가치와 흥미와 일치되는 선택과 행동을 하고자 하는 욕구를 뜻한다(Ryan & Deci, 2000). 문화에 관계없이 죄를 저질렀을 때 처하는 벌의 다양한 유형들은 일반적으로 인간의 자유를 제한하는 것이다. 문화에 관계없이 사람들이 제일 싫어하는 말 중 하나는 나의 생각과 선택을 제약하는 잔소리다. 자율성의 욕구는 매우 근원적이며 침범을 받을 경우 부정적인 반응이 즉각적으로 일어난다.

자율성의 침범은 통제감(sense of control)의 상실과 관계된다. 인간은 통제감을 잃을 경우 다양한 부정적인 반응을 보인다. 일터 내 스트레스 상황은 통제감을 잃은 상황으로 내가 스스로 할 수 있는 일이 없다고 생각될 때, 외부의 제약이나 힘에 의해서 많은 것이 결정될 때 경험한다(Folkman, 1984). 자율성의 침해와 통제감의 상실은 스트레스의 근원에 자리하고 있다. 최대한의 자율성을 보장할 필요는 없지만, 최소한의 자율성이 보장이 되지 않으면 사람들의 안녕감은 하락하며, 수행 수준이 눈에 띄게 떨어지기도 한다(Ryan & Deci, 2000; Tay & Diener, 2011).

일터에서의 자율성은 어떤 과업을, 어떤 일정으로, 어떤 방식으로 처리할 것인가를 포함하는 개념이다. 동일한 일을 해도 내가 원해서 하는 일인지, 주어진 일이라고 할지라도 과업을 수행하는 방식과 일정을 스스로 통제할 수 있다면 작업자는 그 일에서 자율성을 느낄 수 있다.

자율성의 욕구가 일의 의미를 향상하는 이유는 크게 두 가지로 설명할 수 있다. 첫 번째는 가치 일치성(value congruence)이다. 개인이 내가 하는 일이 자율적이고나 자신의 선택에 의해서 진행된다고 느끼면, 외부의 필요나 압박에 의해서 일을 할 때보다 나의 가치와 일치한다고 느끼며 이는 일의 의미를 높일 수 있다. 가치 일치성은 일에서의 목적의식 그리고 진정성을 느끼게 하여 일의 의미를 높이는 요인이 된다. 스스로 어떤 일을 한다고 믿는 것은 그 일이 나의 가치와 일치한다고 생각하며 '내 일'이라고 느끼게 하고 일의 의미를 높일 수 있다.

또 다른 이유는 결과에 대한 책임감(responsible for outcomes)에 대한 지각이다. 과업에 자율성이 주어지고 자신의 선택권이 많아진다는 것은 결과에 대한 책임감에 대한 지각을 높일 수 있다. 책임감을 느낀다는 것은 부담과 스트레스의 원인이 될 수도 있다. 하지만 스스로 선택한 일에 대한 책임감은 도전과 동기를 부여하고, 이 일이 궁극적으로 중요하다는 인식(mattering)을 갖게 되며 이는 일의 의미를 높일 수 있다.

인공지능 기술과 자율성의 욕구 그리고 일의 의미

인공지능 기술이 일터에 적용되었을 때 사람들의 반응은 늘 부정적이지는 않지만, 자율성의 침해는 일관적으로 부정적인 태도와 결과를 초래한다. 상사와 동료 혹은 부모로부터 받는 잔소리와 간섭, 훈계도 싫은데, 인공지능 에이전트의 의사 결정이나 피드백을 따라야 한다고 생각해 보라. 인공지능 시스템이 선택권을 제공하지 않고, 자율성을 침해할 경우, 사용자의 자율성에 대한 침해뿐 아니라, 인간 전체의 독특성과 자율성에 대한 침해로 인식하기도 한다. 이러한 자율성의 침해와 통제감의 상실에 대한 인식은 인공지능 기술 피드백을 수용하지 않거나 추후에 사용하지 않게 하는 요인이 되기도 한다.

왜 이러한 부정적인 영향을 미치는지 우선 지위(status)의 관점에서 살펴보자. 두 사람 이상의 모든 관계에서는 지위나 권력이 존재한다. 특히 계층화된 일터에서는 지위의 영향력이 두드러진다. 인공지능 에이전트와 작업자의 상호작용에도 지위가 존재하며 작업자의 지위가 인공지능 에이전트보다 낮다면 작업자들은 동일한 기능이어도 해당 기술의 사용을 꺼린다.

한 연구에서 인공지능 기술을 이용해 사람과 인공지능이 같이 그림을 그리고 완성하는 과제를 진행했다(Oh et al., 2018). 사용자가 쟁반을 그리면 인공지능 에이전트가 그 위에 사과를 그리기도 하고 포도를 그리기도 하고 그다음 사용자가 색칠을 하기도 하면서 하나의 그림을 완성하는 것이다. 이렇게 그림을 함께 완성하고 나서 참가자들의 경험을 다양한 측면에서 질문했다. 참가자들은 인공지능 기술과 함께 그림 그리는 것이 재미있고, 놀라웠다는 비교적 긍정적인 답변을 보였다. 하지만 늘 긍정적으로 답변하지는 않았다.

긍정적인 답변과 부정적인 답변을 가르는 기준은 인공지능 에이전트와 사용자의 관계였다. 인공지능 에이전트와 사용자를 리더(leader)와 폴로어(follower)로 나눠서 이러한 역할에 따라 협업의 경험이 달라졌는지를 확인했다. 즉 지위의 차이를 준 것이다. 사용자가 리더의 역할을 할 때만 긍정적인 반응이 나타났다. 동일한 인공지능 에이전트를 사용했지만 인공지능 에이전트의 지시에 따라, "다음은 당신 차례니까 그림을 그리시오"라는 지시를 받을 경우는 즐겁지 않았다는 것이다. 이는 지위의 차이로 인해 자율성의 욕구를 제한받은 것이다. 인공지능 기술이 선택과 자율성의 욕구를 제한했고 이는 인공지능 에이전트와 협업에 대한 불만족으로 이어졌다.

이러한 자율성의 제한에 따른 부정적인 경험은 다소 사소해 보이는 측면에서도 나타난다. 예를 들면 인공지능 기술이 전하는 메시지의 방식 및 내용에 따라서도 달라진다. 로봇의 메시지 방식과 사람들의 수용도에 대한 연구에 따르면(Torrey et al., 2013), 로봇이 어떤 식으로 말하느냐에 따라 그에 대한 수용도가 달라졌다.

요리를 도와주는 로봇의 메시지 방식을 다양하게 조정해 보았다. 한 조건에서는 내용을 전달할 때 "다음 단계는 반죽이다. 이런 방식으로 반죽을 섞으면 반죽이 부드럽게 되고 색깔이 옅어질 것이다"와 같이 딱딱하게 다소 명령조로 사실만 전달했다. 다른 조건에서는 조금 더 배려하듯이 대화했다. 예를 들어 "기본적으로 그렇게 계속 반죽을 하다 보면, 부드러운 반죽과 같은 형태가 될 것이다"와 같이, 기본적으로(basically), 마치 ~처럼(just like)과 같이 대화하듯 이야기했다. 요리가 잘못된 상황에서도 음(uhm)과 같은 용어를 쓰면서 정보를 전달할 경우 사람들은 로봇이 예의 바르고 자신을 배려한다는 느낌을 받았다.

로봇과 협업을 할 때, 혹은 로봇의 피드백을 받을 때 명령조의 다소 딱딱한 말투는 로봇이 모니터링하면서 사람의 자율성의 욕구를 미묘하게 제약한다고 느껴 충고를 수용하지 않는 결과를 초래했다. 반면 부드러운 말투 조건에서 피드백 수용도가 높아졌다.

또 흥미로운 연구 중 하나는 사람들의 해석 수준(construal level)과 인공지능 기술의 메시지, 사람들의 자율성의 욕구에 대한 연구다(Kim & Duhachek, 2020). 사람들은 정보를 부호화하고 인출할 때 대상이 갖는 추상성에 따라 정보에 대한 해석 수준이 다르다(Trope & Liberman 2010). 해석 수준은 고차원과 저차원으로 나눌 수 있다. 고차원의 해석 수준은 특정 대상이나 사물을 추상적으로 생각하는 것으로, 삶의 목표를 생각할 때, 의사 결정과 관련된 도덕성의 수준을 생각할 때 형상화하는 것을 뜻한다. 반면 저차원의 해석 수준은 특정 대상을 구체적으로 생각한다(Trope & Liberman, 2010). '커피'라는 것을 생각할 때 원두를 갈아서 만든 음료의 한 종류로 카페 라테 등 다양한 종류가 존재한다고 생각한다면 낮은 해석 수준에서 대상에 접근하고 사고하는 것이다. 반면 커피를 생각할 때 한잔의 여유, 내 삶에서 행복을 주는 것이라고 생각한다면 동일한 대상을 추상적으로, 고차원 해석 수준으로 사고하는 셈이다.

인공지능 에이전트가 제공하는 메시지가 고차원의 해석 수준인지, 저차원의 해석 수준인지에 따라 수용도가 달라질 수 있는가? 인공지능 기술이 체육관(gym) 광고 카피를 만들었다고 생각해 보자. 광고 카피를 만들 때 운동을 하는 방법에 대해서 열거한 것, 즉 낮은 차원의 해석 수준으로 소구하는 조건이 있었다. 또 다른 조건에는 높은 차원의 해석 수준으로 소구하는 메시지가 담겨 있다. '왜' 인간이 운동을 해야 하는지에 대한 메시지가 포함되어 있었다. 인공지능 에이전트가 각각의 메시지를 전달했을 때 사람들의 메시지에 대한 설득력, 실제로 해당 체육관에 가고 싶은 의도가 달라졌다(Kim & Duhachek, 2020).

사람들은 인공지능 에이전트가 낮은 차원의 해석 수

준의 메시지(예: 운동하는 방법)를 전달할 때 높은 차원의 해석 수준의 메시지(예: 왜 운동을 해야 하는가)를 전달할 때보다 설득력이 있다고 생각하며 메시지를 수용했다. 운동을 왜 해야 하는지, 유기농 음식을 왜 먹어야 하는지에 대해서 인공지능 기술이 이야기하는 것은 설득력이 없다는 것이다.

왜 이런 결과가 나타날까? 인간은 메시지를 받으면 그것을 해석할 때 발신자의 의도를 추론한다. 발신자가 인간인 경우 왜 이 말을 하는지 추상적인 사고와 고차원적 사고가 가능하다고 추론한다. 반면 인공지능 에이전트에 대해서는 의도나 목표가 있는 것이 아니라 기술이 전달하는 정보일 뿐이라고 수단 중심으로 해석하는 것이다. 인공지능 에이전트는 고차원 해석 수준으로 사고하지 못하는데, 고차원으로 메시지를 만드는 것은 어색할 뿐만 아니라 인간의 영역을 침해하는 것이라고 생각하는 것이다. 인공지능 에이전트의 메시지는 '왜'보다는 '어떻게'를 중심으로 실용적, 절차적 정보로 처리되는 셈이다.

인공지능 기술은 의도와 목표를 가질 수 없다고 생각한다. 이런 인공지능 기술로부터 나의 의도를 제약하고 간섭하는 메시지를 받을 경우 자율성의 침해라고 지각해서 수용하지 않게 된다. 인공지능 기술과 기술이 생성해 낸 결과물을 생각할 때 그 결과물의 질이나 유용성도 중요하지만, 그 너머에 인간이 갖고 있는 인공지능 에이전트의 자율성이나 의도 등에 대한 생각이 반영된다. 인공지능 에이전트에 대해 가지고 있는 생각을 기준으로 인공지능 에이전트의 결과물을 해석하게 되고 이것이 인간과 개인의 자율성을 침해한다고 생각하면 적절하지 않다고 결론짓는 것이다.

최대한의 자율성의 보장이 아닌, 자율성을 훼손하지 않는 인공지능 기술

자율성의 욕구를 비롯한 심리적 혹은 생리적 욕구를 이해할 때 욕구가 충족되면 충족될수록 좋은 것인지 아니면 제한하는 것만 막으면 되는 것인지를 이해할 필요가 있다. 배고픔의 욕구가 있을 때, 허기만 채워도 만족하는 사람이 있는 반면, 가진 자원 안에서 최고의 맛집에 가야 만족하는 사람도 있을 수 있다. 후자를 선호하는 사람이라고 해도 늘 최고의 수준에서 욕구를 채울 필요는 없을 것이다. 즉 많은 심리적 욕구가 충족되기 위해서 욕구의 최고치를 충족할 필요는 없다.

자율성의 욕구 역시 일터에서 너무 감당할 수 없을 정

도의 많은 자율성과 선택의 권한이 주어지는 것도 좋지 않을 수 있다. 신입 사원에게 "알아서 해봐"라는 말처럼 부담스럽고 막막한 말은 없을 것이다. 하지만 또 하나부터 열까지 다 간섭하여 자유 의지를 제한하는 것도 숨 막히는 일이 될 것이다. 인공지능 기술과 자율성 욕구의 관계 역시, 인간의 자율성을 최대한 존중하는 것이 아니라, 인간에게 적당한 선택권을 제공하거나 자율성의 욕구를 제한하지 않은 선에서 설계하는 것이 현실적인 방안일 수 있다.

실제로 많은 연구에서 인공지능 시스템이 산출한 결과물을 수락하거나 거절할 수 있는 선택권을 준다거나, 알고리듬 설계를 수정할 수 있도록 피드백을 줄 수 있게 하는 식의 비교적 작은 처치도 효과적이었다. 작업자에게 인공지능 기술의 산출물이나 피드백을 무조건 수용하도록 요구하지 않으며, 선택권을 주는 것이 부정적인 태도를 줄이는 데 효과적이었다(Dietvorst et al., 2018).

자율성의 충족은 일의 의미 지각에서 필수 요소다. 하지만 자율성의 욕구가 많이 충족될수록 무조건 좋은 것이라기보다는, 자율성의 침해가 부정적인 결과 및 일의 의미의 하락과 더 밀접하게 연관되어 있다는 점에 주목할 필요가 있다. 인공지능 시스템을 사용할 때 자율성이 과도하게 주어질 경우 오히려 혼란이나 부담을 느낄 수도 있고, 윤리적으로 가이드라인이 없어서 오히려 인공지능 기술 사용에 어려움을 겪을 수도 있다.

자율성 욕구의 충족은 '최대한 많이'가 아니라, 개인의 역량과 상황에 맞게 적절히 보장되고, 자율성을 침해하지 않는 수준을 지키는 것이 우선 확보되어야 한다. 인공지능 기술을 설계하고 도입할 때, 작업자가 적절한 가이드라인 내에서 선택하고 조절할 수 있는 자율성을 느낄 수 있다면, 인공지능에 대한 수용도와 만족도가 높아질 수 있을 것이다. 이는 일의 의미를 훼손하지 않으면서도 새로운 의미를 찾아가는 방향이 될 것이다.

참고문헌

Dietvorst, B. J. et al.(2018). Overcoming algorithm aversion: People will use imperfect algorithms if they can (even slightly) modify them. *Management Science, 64*(3), pp.1155~1170.

Kim, T. W. & Duhachek, A.(2020). Artificial intelligence and persuasion: A construal-level account. *Psychological Science, 31*(4), pp.363~380.

Folkman, S.(1984). Personal control and stress and coping processes: A theoretical analysis. *Journal of Personality and Social Psychology*, 46(4), pp.839~852.

Oh, C. et al.(2018). I lead, you help but only with enough details: Understanding user experience of co-creation with artificial intelligence. *Proceedings of the 2018 CHI conference on human factors in computing systems*, pp.1~13.

Ryan, R. M. & Deci, E. L.(2000). Self-determination theory and the facilitation of intrinsic motivation, social development, and well-being. *American Psychologist, 55*(1), pp.68~78.

Tay, L. & Diener, E.(2011). Needs and subjective well-being around the world. *Journal of Personality and Social Psychology, 101*(2), pp.354~365.

Torrey, C. et al.(2013). How a robot should give advice. *2013 8th ACM/IEEE international conference on human-robot interaction (HRI)*, pp.275~282.

Trope, Y. & Liberman, N.(2010). Construal-level theory of psychological distance. *Psychological Review, 117*(2), pp.440~463.

04
인공지능과 유능성, 일의 의미

전통적으로 일은 인간의 유능성을 발휘할 수 있는 주요한 영역이다. 인공지능 기술의 활용은 유능성을 높일 수도 낮출 수도 있다. 개인이 가지고 있는 지식과 기술, 전문성의 수준과 인공지능 기술이 대체하는 과업의 종류에 따라 유능성은 향상될 수도 있고 저하될 수도 있다. 일터에서 인공지능 기술의 적용이 유능성의 욕구와 일의 의미에 미치는 영향을 알아보고자 한다.

청각장애인과 AI?

유능성의 욕구와 일의 의미

인간을 움직이는 큰 욕구 중 하나는 유능하고 싶다는 욕구다. 유능성의 욕구는 인간이 자신의 환경 속에서 능력을 발휘하며 효과적으로 기능하고 있다는 느낌을 갖고자 하는 욕구로, 학습, 성취, 도전적인 과제 해결 등을 통해 충족된다(Ryan & Deci, 2000). 유능성에 대한 욕구가 충족되면 내재 동기와 몰입이 증가하고 유능성의 욕구가 좌절되면 무기력, 일에 대한 불만족, 일의 의미 저하를 경험한다.

유능성의 욕구는 내가 목표한 만큼 유능해지고 싶은 욕구와 더불어, 쓸모없는 인간이 되고 싶지 않은 욕구도 포함한다. 전자를 더 높은 목표에 나아가게 하는 접근 동기, 후자를 아주 나쁜 상황인 무능함이라는 상황을 피하고 싶은 회피 동기로 분류할 수 있다(Elliot & Harackiewicz, 1996). 목표의 방향과 강도는 다소 차이가 날 수 있지만, 결국은 유능함을 향해 가도록 만드는 동력이다. 유능성의 욕구를 이해할 때 모두가 세계 최고의 일인자가 되겠다는 목표를 세우진 않지만 나의 영역에서는 일 잘한다는 소리 정도는 듣고 싶고, 적어도 일 못하는 인간이라는 소리를 듣고 싶지 않은 욕구 역시 유능성의 욕구라는 것을 이해할 필요가 있다.

스스로 일에서 유능함을 느끼지 못할 경우 자신에 대한 평가는 사회적 승인(social approval)에 의존하게 되며, 사회적 승인을 받을 수 있을지에 대해 늘 우려하게 된다(Deci & Ryan, 2000). 자신이 일에서 유능하다고 생각하지 않으면 다른 사람의 평가에 따라 자신의 안녕감이나 일의 의미가 쉽게 변할 수 있고, 외부의 잣대에 따라 일을 보는 관점이 달라질 수 있다. 또 일에서 유능함을 느끼지 못하면 상호작용하는 타인으로부터 받는 피드백도 부정적으로 변해, 결국 전반적인 일의 의미와 안녕감이 저하된다(Deci & Ryan, 2000).

반면 스스로 유능하다고 믿으며 일의 의미를 느끼고 있다면, 사회적 명성이나 타인의 근거 없는 피드백에 휘둘리지 않으며 자신의 일에서 의미를 견고하게 유지할 수 있다(Gagne & Deci, 2005). 스스로 일을 잘하고 전문성을 쌓아 가고 있다는 인식은 자기 주도성 경로에 해당하며, 이는 일의 의미를 높이는 핵심적인 요인이다.

유능성과 일의 의미를 높이는 인공지능

인공지능 기술은 유능성의 욕구를 충족하고, 유능성을 향상해, 궁극적으로 일의 의미를 높일 수 있다. 특히 반복적이고 가치가 낮은 일을 대신함으로써 작업자들이 더 창의적이고 복잡하며 의미 있는 업무에 집중할 수 있게 해 줄 수 있다.

한 연구에서 인공지능 에이전트를 도입한 콜센터 상담원들을 대상으로 유능성에 대한 인식과 직무 수행의 관계를 조사했다(Jia et al., 2024). 인공지능 에이전트가 고객 문의의 초기 단계를 대처하자, 상담원들은 제품 판매와 같이 더 어려운 일에 집중할 수 있었다. 이를 통해 수행이 향상되었다. 상담원들은 인공지능 에이전트가 '지루한' 작업을 상당수 걸러 주었기 때문에, 고객의 문제 해결과 같은 더 도전적인 업무를 할 수 있었다고 응답했다. 이는 판매 향상과 창의적 수행의 증가로 이어졌다. 인공지능 에이전트가 작업자의 유능성의 욕구 충족을 도와주며 인공지능 기술 도입이 일의 의미 향상에 기여할 수 있음을 시사한다.

또 인공지능 에이전트가 조직 구성원의 역량을 개발하고 활용하는 데 기여해 유능성의 욕구를 충족할 수도 있다. 병원 업계 종사자를 대상으로 한 연구에 따르면, 인공지능 기술을 사용하는 것은 유능성 인식을 높였고, 이는 전반적인 안녕감의 향상으로 이어졌다(Huo et al., 2025). 인공지능 기술은 영상 분석, 정보 검색 등에서 효율성과 정확성을 높여 주는 '스마트 어시스턴트' 역할을 하는 것으로 나타났다. 반복적인 업무가 간소화되면서, 환자들의 복잡한 사례나 맞춤형 환자 진료에 더 집중할 수 있었고, 이 과정에서 자신의 역량이 높아졌고 유능성의 욕구가 충족되었다고 응답했다. 인공지능 기술을 조직 구성원의 업무를 보조하고 역량을 강화하는 데 활용할 경우 작업자들의 유능성 욕구가 충족되고 이는 수행과 일의 의미를 향상으로 이어질 수 있다.

하지만 인공지능 기술과 작업자의 유능성에 대한 연구가 진행되면서 인공지능 기술이 유능성과 수행에 미치는 영향이 일관적이지 않다는 결과가 도출되고 있다. 인공지능 기술이 유능성의 욕구에 미치는 영향이 작업자의 숙련도나 과업 난이도에 따라 그 결과가 상이하게 나타났다.

예를 들어 보스턴 컨설팅 그룹의 컨설턴트 700여 명을 대상으로 한 현장 실험 연구에 따르면, 인공지능 기술을 사용한 컨설턴트는 사용하지 않은 컨설턴트보다 수행의 속도와 생산성이 높아졌다(Dell'Acqua et al., 2023). 이는 앞선 연구와 동일한 결과다.

주목할 점은 숙련도가 낮은 직원이나 초보 컨설턴트에게 긍정적인 효과가 더 크게 나타났고, 전문적인 컨설턴트에게는 긍정적인 영향이 작게 나타났다는 것이다.

이는 숙련된 컨설턴트들은 이미 높은 수준의 성과를 내고 있기 때문에 인공지능 기술로 대체할 수 있는 업무가 많지 않고 인공지능 기술을 사용함으로써 얻는 이익이 상대적으로 작기 때문인 것으로 해석되었다.

앞서 소개한 병원 종사자들을 대상으로 한 연구에서도 과업이 복잡할 경우 인공지능 기술의 사용이 직무 수행에 미치는 긍정적인 영향이 다소 작아지는 것으로 나타났다(Huo et al., 2025). 초보 작업자에게, 그리고 단순한 과업에 인공지능 기술을 적용하면 그 효과가 크지만 전문가와 어려운 과업에 적용될 때는 긍정적인 효과가 여전히 나타나기는 하지만 효과가 작았다.

또 흥미로운 점은 작업자의 숙련도가 높은 경우에 오히려 유능성을 높이는 연구 결과도 있다는 것이다. 앞서 언급한 콜센터 연구에서는(Jia et al., 2024) 숙련된 콜센터 직원에게 인공지능 에이전트의 활용이 미치는 긍정적인 효과가 크게 나타났다. 반면 초보 콜센터 직원에게는 긍정적인 효과가 상대적으로 관찰되지 않았고 오히려 일부는 인공지능 에이전트 사용에 대해서 불만을 표출하기도 했다. 숙련된 콜센터 직원은 다양한 고객 불만을 처리한 경험을 기반으로 세부적인 지식과 기술을 보유하고 있었다. 인공지능 기술로 인해 단순한 과업이 처리될 경우 더 나은 새로운 해결책을 쏟는 데 자신의 업무 역량을 활용할 수 있었다. 하지만 저숙련 콜센터 직원은 어려운 문제를 맞닥뜨렸을 때 어떻게 해결해야 하는지 지식과 기술이 없었기 때문에 인공지능 기술의 활용으로 자신의 입지가 오히려 줄어들어 불만과 부담을 느끼고 유능성을 발휘하지 못했다.

종합하면, 인공지능 기술이 작업자의 유능성에 미치는 영향은 작업자의 기술 수준에 따라, 인공지능 기술이 대체하는 과업에 따라 다를 수 있다. 낮은 숙련도의 사람들일 경우 인공지능 기술이 유능성을 높이는 데 도움이 될 수 있다. 그러나 콜센터 연구 사례에서 볼 수 있듯이, 인공지능 기술이 단순하고 낮은 수준의 과업을 처리해 준다고 해서, 준비되지 않은 작업자에게 높은 난이도의 과업을 맡길 경우 유능성이 향상되기보다는 오히려 부담과 스트레스가 증가할 수 있다. 이미 높은 숙련도를 지닌 사람들인 경우, 인공지능 기술을 활용하여 자원과 시간을 절약할 수 있을 때에만 혜택을 보는 것으로 파악된다.

인공지능 기술의 적용으로 대체되는 과업의 종류를 파악하고, 인공지능 기술로 줄어드는 과업과 남는 과업이 현재 조직 구성원의 수준에 맞는지 확인할 필요가 있다. 인간의 유능성은 과업의 난이도와 개인의 능력이 적절한 수준일 때 가장 잘 발휘된다. 너무 어려운 과업은 부담과 스트레스를, 너무 쉬운 과업은 지루함을 초래해 몰입하지 못하게 하여 일의 의미가 하락할 수 있다.

유능성에 위협이 되는 인공지능

인공지능 기술이 작업자의 유능성을 높일 수도 있지만 인공지능 기술의 유능함에 대한 인식은 때로는 위협이 되기도 한다. 인공지능 기술을 포함한 새로운 기술을 수용할 때 제일 중요한 인식 중 하나는 유용성에 대한 인식이다(Davis, 1989). 지각된 유용성은 특정 기술이 과업 수행을 향상하는 데 도움이 된다고 인식하는 정도를 의미한다(Davis, 1989). 즉 인공지능 기술이 내 수행을 향상하는 데 도움이 될 정도로 유능하고 유용하다는 인식이 인공지능 기술을 수용하게 만드는 주요한 요인이 된다.

작업자가 어떤 기술을 유용하다고 인식하는 것은 단순히 사용의 용이성뿐만 아니라, 그 기술이 현재 자신의 업무 목표와 어떻게 연결되는지에 달려 있다. 기술을 수용할 때, 궁극적인 목표인 직무 성과 향상에 어떻게 기여하는지를 중심으로 유용성 인식이 형성된다. 조직과 일터의 맥락에서 직무 수행이란 단순히 급여나 승진 같은 물질적 보상뿐만 아니라, 개인의 심리적 안녕감 등도 포함하는 상위 목표다(Judge et al., 2001). 따라서 조직 내 새로운 기술이 도입될 경우, 그 기술의 유용성은 성과 향상에 얼마나 기여하는지, 나아가 개인과 조직의 안녕감에 얼마나 긍정적인지로 평가할 수 있다(Davis, 1989).

실제로 인공지능 기술에 대한 다차원적 태도에서도 작업자에게 인공지능 기술에 대한 지각된 유용성이 주요한 차원이며, 인공지능 기술을 사용했을 때 만족한다는 작업자의 안녕감까지 포함되었다(Park et al., 2024). 사용하기 쉬운 기술이지만 안녕감을 해칠 경우 작업자들은 인공지능 기술이 유용하다고 생각하지 않을 수 있다.

이러한 이유로 인공지능 에이전트의 유용성과 유능함에 대한 인식은 역으로 작업자들의 유능함 욕구 충족에 위협이 되기도 한다. 인공지능 기술이 점점 더 많은 업무를 대신하게 되면 작업자들은 자신의 기술을 연습하고 연마할 기회를 잃고 이는 유능성에 위협이 될 것이다. 특히 인간의 고유한 영역이라고 생각한 창의적 과업 등을 인공지능 에이전트가 수행하면서 인간 작업자가 뚜렷하게 돋보일 수 있는 영역이 줄어들어 유능성의 충족을 어렵게 만들 수 있다.

또 인공지능 기술이 유능성에 미치는 부정적인 영향 중 하나는 사람들이 일에서 노력 자체를 덜 하게 된다는 것이다. 사람들이 자신의 역량을 키우고자 노력을 덜 하거나 일 자체에 관심을 덜 쏟게 되어 이는 유능성의 하락으로 이어질 수 있다. 생성형 인공지능 기술의 사용이 보편화됨에 따라 인공지능 기술에 대한 의존성이 대두되고 있으며 이는 인간의 전문성을 약화할 수 있다.

실제로 채용 담당자를 대상으로 한 실증 연구에 따르면, 인공지능 기반 채용 추천 시스템에 의존하게 된 후 채용 담당자들의 판단력과 기술은 시간이 지날수록 저하되었다(Dell'Acqua et al., 2023). 해당 연구에서는 고의로 인공지능 추천 시스템을, 한 조건에는 아주 성능이 좋은 고성능 인공지능 추천 시스템으로, 한 조건에서는 저성능 인공지능 추천 시스템을 인간 채용 담당자에게 제공했다. 이후 채용 담당자의 판단력과 채용 성과를 비교했다.

저성능 인공지능 추천 시스템을 사용하게 된 집단의 인간 채용 담당자들은 인공지능 시스템이 때로는 오류가 있으며 늘 결과가 완벽하지 않다는 것을 알게 되어 본인들 역시 이력서를 꼼꼼하게 확인했다. 인공지능 시스템을 더 잘 활용할 수 있는 방법을 고민하고 활용하며 궁극적으로는 더 나은 수행을 보였다. 반면 고성능 인공지능 추천 시스템을 사용한 집단에서는 인공지능 시스템의 추천에만 의존하고 자신의 판단력과 노력을 쓰지 않았다. 결국 지속적으로 낮은 수행을 보이게 되었다. 이 연구는 하버드대학교 및 매사추세츠공과대학교 등에 소속된 다수의 학자들에 의해 진행되었는데, 인간-인공지능 협업의 수행을 극대화하기 위해서는 매우 고성능이 아니라 저성능의 인공지능 시스템을 사용하고 인간의 노력, 학습, 기술을 이에 접목하는 것이 필요하다고 결론지었다(Dell'Acqua et al., 2022).

이와 같이 인공지능 기술의 유용함과 탁월한 성과가 인간의 유능성을 저하할 수도 있다. 인간 스스로 인공지능 시스템에 너무 의존하는 것은 인간의 능력을 퇴화시킬 수 있고 이것은 개인의 능력, 일의 의미뿐 아니라 조직과 사회의 수행 하락을 불러일으킬 수 있다. 인공지능 기술을 적절히 활용하되 개인과 조직 모두 인공지능 기술에 너무 의존하지 않으며 조직 구성원이 스스로 성장한다고 느낄 수 있을 때 일의 의미가 높아지고 수행 또한 높아질 것이다.

참고문헌

Davis, F. D.(1989). Perceived usefulness, perceived ease of use, and user acceptance of information technology. *MIS Quarterly, 13*(3), pp.319~340.

Dell'Acqua, F. et al.(2023). Navigating the jagged technological frontier: Field experimental evidence of the effects of AI on knowledge worker productivity and quality. Harvard Business School Technology & Operations Mgt. Unit Working Paper, 24-013.

Elliot, A. J. & Harackiewicz, J. M.(1996). Approach and avoidance achievement goals and intrinsic motivation: a mediational analysis. *Journal of Personality and Social Psychology, 70*(3), pp.461~475.

Gagne, M. & Deci, E. L.(2005). Self-determination theory and work motivation. *Journal of Organizational Behavior, 26*(4), pp.331~362.

Huo, W. et al.(2025). When healthcare professionals use AI: Exploring work well-being through psychological needs satisfaction and job complexity. *Behavioral Sciences, 15*(1), 88.

Jia, N. et al.(2024). When and how artificial intelligence augments employee creativity. *Academy of Management Journal, 67*(1), pp5~32.

Judge, T. A. et al.(2001). The job satisfaction–job performance relationship: A qualitative and quantitative review. *Psychological Bulletin*, 127(3), pp.376~407.

Martela, F. & Riekki, T. J. J.(2018). Autonomy, competence, relatedness, and beneficence: A multicultural comparison of the four pathways to meaningful work. *Frontiers in Psychology, 9*, 1157.

Park, J. et al.(2024). Attitudes towards artificial intelligence at work: Scale development and validation. *Journal of Occupational and Organizational Psychology, 97*(3), pp.920~951.

Ryan, R. M. & Deci, E. L.(2000). Self-determination theory and the facilitation of intrinsic motivation, social development, and well-being. *American Psychologist, 55*(1), pp.68~78.

05
인공지능과 관계성, 일의 의미

일터에서의 관계는 일의 의미의 주요한 원천이다. 인공지능 기술로 상사 및 동료와의 상호작용이 변화하고 있다. 일터 내 관계뿐 아니라 고객과의 관계도 변화하고 있다. 인공지능 에이전트와의 빈번한 상호작용은 인공지능 에이전트에 대한 관계 형성으로 이어지기도 한다. 이러한 관계의 변화와 일의 의미의 관계를 살펴본다.

AI 콘텐츠 크리에이터?

관계성의 욕구와 일의 의미

인간은 타인과 의미 있는 관계를 맺고 돌봄을 주고받으며, 공동체 속에서 소속감을 느끼고자 하는 욕구를 가지고 있다(Ryan & Deci, 2000). 단순한 접촉이 아닌 정서적 유대와 상호 존중의 관계를 맺기 원하며 조직에서도 소속감을 느끼기 원한다(Van den Broeck et al., 2016).

일의 의미의 주요한 원천은 타인과 관련된 경로로, 타인과 느끼는 연결감 그리고 조직에서 느끼는 소속감은 일의 의미를 향상하는 주요 요인이다(Rosso et al., 2010). 어떤 일을 하는가도 중요하지만, 누구와 어디서 하는가도 중요하며 이것이 일의 의미의 원천이 될 수 있다. 일 자체가 나와 적합성 수준이 높아도 함께하는 동료들이 일의 의미를 떨어뜨릴 수도, 또 반대의 경우도 존재할 수 있다.

관계성의 욕구와 관련하여 조금 더 포괄적인 배태성(embeddedness)이라는 개념도 등장했다. 일에서 느끼는 직무 배태성(job embeddedness)은 작업자의 일과의 관계를 조금 더 포괄적인 측면에서 조망한다. 직무 배태성은 한 개인이 일을 둘러싼 타인 및 일과 갖는 형식적, 비형식적 연결(connections)이라고 정의된다(Mitchell et al., 2001). 조직에서의 현재 동료뿐 아니라 조직을 둘러싼 지역 공동체(community)에서 느끼는 소속감, 그리고 가족들이 지역 공동체에서 느끼는 소속감, 지역 공동체의 라이프스타일과 삶의 방식의 적합성까지 포함하는 개념이다. 또 일반적인 소속감과 달리 현재의 일이나 공동체를 떠나면 발생할 수 있는 비용에 대한 지각까지도 포함하는 개념이다. 직무 배태성은 개인이 느끼는 조직과 일에서 느끼는 소속감을 확장하여 왜 이 사람이 이 일을 떠나지 않는가를 설명하는 주요한 개념이다.

직무 배태성 역시 일의 의미를 예측하는 요인으로, 일터에서 관계가 작업자 개인과 동료의 관계를 넘어서 작업자가 조직, 지역 공동체에 갖는 느낌과 생각, 그리고 작업자의 가족까지도 소속감에 영향을 줄 수 있음을 보여 주는 개념이다.

인공지능 기술로 인한 관계성의 약화

인공지능 기술의 도입으로 조직 내 관계성이 약화되고 소속감이 하락하는 방향으로 변화할 수 있다. 대면 상호작용이 필요한 업무를 인공지능 에이전트가 대신한다거나, 팀 안에서도 인공지능 에이전트와 상호작용하는 일이 많아지면 동료에게 피드백을 구하는 행동을 덜 하게 될 가능성이 있다. 소속감이 일의 의미의 주요 원천이라는 것을 감안하면 상호작용의 하락으로 인해 일의 의미가 저하될 가능성이 있다.

실제로 미국, 대만, 인도네시아, 말레이시아 등 네 개국의 직장인을 대상으로 한 실험에 따르면, 인공지능 기술을 일터에서 많이 사용할수록 사람들은 사회적 고립감을 더 느꼈다(Tang et al., 2023). 연구진들은 인공지능 기술의 도입으로 조직이 비사회적(asocial)이 될 것이라고 설명했다. 이뿐 아니라 일터에서 느끼는 외로움과 고립감은 불면증이나 퇴근 후 음주 증가와 같은 부정적인 결과와도 연결되었다(Tang et al., 2023). 인공지능 시스템을 통해 재설계된 업무에서 느끼는 외로움과 고립성은 개인의 삶에도 부정적인 파급 효과가 있다는 것을 알 수 있다. 상호작용이 필요했던 업무가 인공지능 시스템에 의해 처리될 때, 작업자들은 일터와 조직에서 관계성의 공백을 경험하고 이는 조직 구성원의 전반적인 안녕에 부정적인 영향을 미칠 수 있음을 시사한다.

인공지능 챗봇이 도입되었을 때 집단 내 커뮤니케이션 감소의 문제도 대두된다. 예를 들어 IT 관련 문제를 답변하는 챗봇을 도입한 경우, 같은 팀이 아닌 다른 팀의 사람들과 대화를 하거나 도움을 주고받을 기회가 줄어들 수 있다. 소속감이 팀 내 관계뿐 아니라 다른 팀, 그리고 조직 내 동료들과의 관계 형성에 기초하는 것을 감안하면, 사내 인공지능 챗봇의 사용은 조직 내 관계망의 형성을 제한할 수 있고 이는 소속감이나 배태성의 약화로 이어져 일의 의미의 하락을 불러오는 요인이 될 것이다.

경우에 따라 인공지능 기술이 상사나 비공식적 사회적 네트워크가 담당하던 조율을 중개하거나 대체하기도 한다(Karunakaran et al., 2025). 예를 들어 인공지능 시스템이 팀 구성원들과 논의 없이 교대 근무나 프로젝트 업무를 자동으로 배정할 수 있다. 운영의 효율성을 높일 수 있지만, 동료 간 대화를 통한 협상이나 관계 형성의 기회가 줄어들 것이다. 일정 조율의 과정이 줄어들면서, 서로의 일상이나 고민, 일 외의 삶에 대해 이야기할 수 있는 비공식적 대화나 멘토링의 기회 또한 감소할 수 있다. 이러한 과정에서 휴가, 자녀 상황, 집안일 등 개인적인 정보를 적절히 공유함으로써 서로의 상황을 이해하게 되고, 이러한 정보가 팀 수행에 긍정적인 영향을 미치기도 하는데, 이러한 기회가 줄어드는 것이다.

특히 인공지능 시스템이 업무를 배분할 때 근로자는 개별 데이터 포인트로 취급되어, 공동의 목표를 가진 팀원으로서의 정체성이 약화되기도 한다. 이는 조직 내 연대감과 응집력을 약화하며 하나의 집단으로서 공동의 목표를 향해 나아가야 하는 동기를 줄어들게 할 수 있다.

많은 연구자들이 인공지능 기술의 도입이 조직 내 사회적 관계를 약화할 것이라고 예측하지만, 반대의 연구 결과도 있다. 흥미롭게도 어떤 직원들은 인공지능 기술의 사용으로 인해 관계성의 욕구를 더 많이 느끼고, 이를 해결하기 위해 동료를 더 자주 돕는 행동을 보이기도 했다(Tang et al., 2023). 이는 인공지능 기술의 적용이 일터 내 관계성에 미치는 영향이 일률적으로 부정적이지만은 않을 수 있다는 것을 뜻한다. 소속감의 부재로 인해 퇴근 후 음주와 같은 비적응적 대처를 할 수도 있지만, 연결감을 회복하면서 동료와 타인에게 도움이 되는 적응적 대처를 할 수도 있는 것이다.

특히 탕(Tang) 외(2023)의 연구에서 주목할 점은 애착 불안 수준이 높은 사람들은 일터에서 소속감의 욕구가 높아져 적응적 행동을 하지만, 애착 불안 수준이 낮은 사람들은 딱히 적응적 행동을 보이지 않았다는 것이다. 애착에 대해서 불안을 느끼거나 사회적 자원이 부족한 사람들이 일터에서의 관계성 욕구 충족과 위협에 더 예민하다는 것을 알 수 있다. 조직에서 인공지능 기술로 사회적 관계가 줄어들 때 먼저 주의를 기울여야 하는 집단이 별도로 있으며 사회적 자원이 낮은 사람들을 우선 관리해야 함을 알 수 있다.

의사 결정 권한의 재분배와 불균형

인공지능 기술의 도입으로 인한 집단 내 권력 및 의사 결정의 불균형도 관계성과 일의 의미에 영향을 줄 수 있다. 인공지능 기술은 종종 의사 결정 권한의 불균형을 초래할 수 있다. 현장 근로자가 실무 현장에서 결정했던 일들을 중앙에서 인공지능 시스템을 통해 모니터링하고 통제하게 될 수 있다. 이 경우 중앙에서 데이터를 관리하는 사람들, 주로 엔지니어와 데이터 과학자와 같은 집단으로 의사 결정의 권한이 옮겨질 수 있다(Karunakaran et al., 2025). 배달이나 물류의 상황을 알고리듬으로 관리하는 환경에서 작업자들의 과업 배정, 행동, 결과를 모니터링하는 경우를 생각해 보자. 적절한 설명 없이 불투명한 시스템에 의해 모든 일들이 통제될 수 있고 이는 배달과 물류를 직접 담당하고 있는 현장 작업자의 권한을 약화할 수 있다. 현장 작업자들의 자율성 약화뿐 아니라, 조직에 대한 신뢰와 소속감 저하로 이어질 수도 있다.

권력과 의사 결정 권한의 재분배는 경험을 기반으로 한 판단이 중요한 직업이나 사람 대상 서비스를 하는 직종에도 문제가 될 수 있다(Karunakaran et al., 2025). 예를 들어 교사, 사회 복지 등 작업자의 경험을 기반으로 한 결정이 중요한 업무에서, 인공지능 시스템이 인간의 경험을 무시할 경우 인간의 전문성 가치의 저하를 초래할 수 있다. 이는 유능성의 저하뿐 아니라 조직 내 관계 갈등을 불러일으킬 수 있다. 현장에서 서비스를 제공하는 사람들과 인공지능 시스템을 설계하고 운영하는 사람들 간 갈등이 심화될 수 있으며 이는 조직에 대한 소속감을 약화하고 일의 의미를 하락시킬 수 있다.

더욱이 현장 작업자들은 자신이 인공지능 기술 설계에 참여하지 않았는데도 그 시스템에 의해 지배받으며 동시에 문제가 발생했을 경우 실패에 대한 책임을 져야 하는 상황도 생길 수 있다. 반면 인공지능 시스템을 통제하는 관리자와 기술 관련 인력은 더 큰 권력과 영향력을 갖게 되지만, 현장에서 발생하는 문제에 대해서 상응하는 책임을 지지 않는 경우가 있을 수 있다.

이러한 권력과 의사 결정 권한의 불균형은 조직으로부터 받는 도구적, 정서적 지지 수준을 낮출 수 있다. 조직에 대한 신뢰와 조직 지원 인식은 일의 의미에 중요한 예측 요인이다(Rosso et al., 2010). 인공지능 기술 도입으로 인한 조직 내 권력과 의사 결정 권한의 불균형은 동료와 관계의 질 약화, 조직 내 소속감 약화를 통해 일의 의미를 낮추는 요인이 될 수 있다.

관계성의 저하를 막는 방법

관계성과 소속감의 저하를 막기 위해 인공지능 기술 도입 시 관계적 측면을 고려할 필요가 있다. 인공지능 시스템을 도입할 경우에도 인공지능 에이전트와 작업자 한 명으로 구성된 일대일의 구조와 같이 단독 작업을 제한하는 것이 필요하다.

또 인공지능 시스템을 적용할 때 사회적 네트워크의 변화를 관찰하고 사회적 안전망(social safety net)을 구축해야 한다. 일대일로 근무를 하는 작업자들이 생긴다면 정기적으로 면담을 하는 등의 공식적, 비공식적 사회적 지지를 제공하고 사회적 안전망을 구축할 필요가 있다. 또 팀 내에 인공지능 시스템을 도입하면 동료와의 의사 결정 및 협업을 시스템화하는 것이 필요하다(Tang et al., 2023).

관계성은 조직 내 동료 사이에서만 느끼는 것이 아니라 조직 밖의 고객이나 일의 수혜자와의 관계에서도 느낄 수 있다(Grant, 2007). 인공지능 기술을 적용할 때, 소위 백엔드(back-end)의 업무는 인공지능 시스템을 통해 처리하고, 인간 작업자는 고객 대응이나 협업 중심의 업무에 집중하도록 설계하는 등 과업을 재설계할 수 있다. 이를 통해 일을 둘러싼 다양한 관계를 활용하여 소속감을 유지할 수도 있다. 특히 인공지능 기술을 설계할 때 현장 근로자의 의견을 초기에 듣고 반영하는 절차도 반드시 필요하다(Karunakaran et al., 2025).

인공지능 기술을 설계할 때 사회적 기능을 더하는 것도 부분적으로 소속감을 향상하는 데 영향을 줄 수 있다. 예를 들어 인공지능 시스템을 개발할 때 음성 인터페이스를 쓴다거나 인공지능 기술을 의인화할 수 있는 요인을 추가하는 것도 방법이 될 것이다. 실제로 직장 내에서 사용하는 챗봇 아바타를 개인적으로 꾸미고 이름을 붙일 수 있게 설계했을 때, 챗봇을 의인화하고 관계성을 느끼기도 했다(Gkinko & Elbanna, 2022). 챗봇을 의인화하여 상호작용하며 긍정 정서를 느끼고, 챗봇의 답변 생성에 오류가 발생했을 때에는 분노보다는 연민을 느끼기도 했다(Gkinko & Elbanna, 2022).

기계와의 상호작용으로 관계성의 욕구를 부분적으로 채울 수는 있지만, 궁극적인 관계성은 인간을 통해 충족될 수 있다. 인공지능 기술을 포함한 기계와의 상호작용이 채워 주는 관계성의 욕구는 제한적이다. 더욱이 인간의 욕구는 어느 정도 채워지면 충족되기 때문에 관계성의 욕구가 인공지능 기술로 채워졌을 경우 인간 동료와 관계를 쌓고 싶은 동기나 노력을 저하할 수도 있다.

인공지능 기술 적용이 많은 과업의 경우 외로움을 낮추기 위해 인공지능 에이전트의 사회적 측면을 활용하는 것은 가능하다. 하지만 조직 내 소속감과 관계성의 향상을 위해서는 인간 동료와의 협업을 완전히 배제해서는 안 된다. 인공지능 기술 도입 시 변화하는 사회적 연결망과 소속감의 수준을 확인하고 관계성의 향상을 위한 방안을 구축하는 것이 요구된다. 앞서 소개한 인공지능 기술과 외로움에 대한 논문의 제목에 '누구도 고립된 섬이 아니다(No one is an island)'라는 알려진 인용구가 포함되어 있다(Tang et al., 2023). 인간은 매우 사회적인 존재이며, 일의 의미의 주요한 원천 중 하나는 관계라는 것을 기억할 필요가 있다.

참고문헌

Flathmann, C. et al.(2023). Examining the impact of varying levels of AI teammate influence on human-AI teams. *International Journal of Human-Computer Studies, 177*, 103061.

Gkinko, L. & Elbanna, A.(2022). Hope, tolerance and empathy: Employees' emotions when using an AI-enabled chatbot in a digitalised workplace. *Information Technology & People,*

35(6), pp.1714~1743.

Grant, A. M.(2007). Relational job design and the motivation to make a prosocial difference. *Academy of Management Review, 32*(2), pp.393~417.

Karunakaran, A. et al.(2025). Artificial Intelligence at work: An Integrative perspective on the impact of AI on workplace inequality. *Academy of Management Annals, 19*(2).

Mitchell, T. R. et al.(2001). Why people stay: Using job embeddedness to predict voluntary turnover. *Academy of Management Journal, 44*(6), pp.1102~1121.

Rosso, B. D. et al. (2010). On the meaning of work: A theoretical integration and review. *Research in Organizational Behavior*, 30, pp.91~127.

Tang, P. M. et al.(2023). No person is an island: Unpacking the work and after-work consequences of interacting with artificial intelligence. *Journal of Applied Psychology, 108*(11), pp.1766~1789.

06
인공지능 사용의 즐거움과 일의 의미

인공지능 기술의 사용은 인지적 측면뿐 아니라 정서에도 영향을 미친다. 사람들은 때로는 인공지능 기술을 사람 동료보다 선호하며 인공지능 기술을 사용하며 즐거움을 비롯한 긍정 정서를 경험하기도 한다. 인공지능 기술로 인한 일터의 긍정 정서 경험과 일의 의미의 관계를 설명한다.

AI와 민주주의?

일터에서 느끼는 즐거움과 일의 의미

정서는 의미 있는 사회적 상황에 반응하여 나타나는 복합적인 심리적, 신체적 반응 체계다(Keltner & Haidt, 1999). 짧은 책을 읽는 동안에도 특정 부분에서 재미를 느끼다가 금세 지루해하기도 하고 또 흥미를 되찾기도 한다. 재미, 지루함, 흥미와 같이 다양한 개별 정서가 존재하고, 이 개별 정서는 각각 고유하고 변별되는 기능을 가진다. 다양한 정서를 구분하는 하나의 방법은 특정 정서가 얼마나 긍정적인지 혹은 부정적인지를 평가하는 것이다. 긍정과 부정의 정서가(valence)는 연속선상에 있는 개념이지만 일반적으로 긍정 정서와 부정 정서를 분류하여 지칭하기도 한다.

긍정 정서는 유쾌하고 기분 좋은 감정 상태를 의미하며, 즐거움(joy), 감사(gratitude), 경외(awe), 흥미(interest) 등 다양한 개별 정서가 존재한다. 긍정 정서는 행복이나 주관적 안녕감의 핵심 요소이며(Diener et al., 1984), 일터에서의 긍정 정서 역시 조직 구성원의 직무 만족, 조직 몰입, 주요 직무 행동을 예측하는 주요한 요인이다(Judge & Ilies, 2004). 좋은 직장, 만족하는 일터를 생각할 때 인지적인 요인들을 생각하기 쉽다. 급여 수준, 복리 정책, 직업 가치의 일치성 등도 주요한 요소지만, 일터에서 경험하는 매일매일의 긍정 정서 역시 조직 구성원의 만족, 생각, 행동에 영향을 주는 주요한 요인이다.

정서는 기능적이다. 감정적인 상태는 쉽게 변화하고 휘발성을 지니는 것 같지만 긍정 정서는 단순히 "오늘 좋은 하루였구나"라는 생각에서 그치지 않고 인간의 삶에서 적응적인 행동을 하는 데 기여하는 기능적 역할을 지니고 있다.

이러한 긍정 정서의 기능을 설명하는 이론 중 하나는 확장 및 구축 이론(Broaden-and-Build Theory)이다. 바버라 프레드릭슨(Barbara Fredrickson) 박사가 제안한 이 이론은 긍정 정서의 진화적, 적응적 기능을 설명한다(Fredrickson, 2001). 긍정 정서는 종류에 관계없이 공통적으로 사고와 행동을 확장하는 기능을 가지고 있으며 이는 자원의 구축으로 이어진다. 즉 긍정 정서를 경험하면 평소보다 유연하고 폭넓은 사고가 가능해지며 이는 창의성, 수용성, 회복 탄력성, 실행력을 높인다. 긍정 정서를 경험하면 다양한 행동 대안을 생각해 내고 새로운 과업에 도전하고 사회적 활동에 참여하게 되는 것이다.

긍정 정서가 사고와 행동을 확장하면 이를 통해 신체적, 인지적, 사회적 자원 등 다양한 자원을 '구축'하게 되고 이것이 장기적으로 개인의 안녕감과 수행을 높이는 선순환을 만들게 된다. 긍정 정서 역시 단점이 있긴 하지만 일반적인 수준에서 긍정 정서의 긍정적인 기능을 설명하고 또 실증적으로 지지 받는 이론이다. 예를 들어 보자. 새로운 주제를 접하면 흥미라는 긍정 정서를 느끼고, 흥미를 느낀 주제를 검색해서 지식을 쌓는 행동으로 이어진다. 흥미가 관점의 확장, 그리고 지식이라는 자원의 구축으로 이어진다는 것을 알 수 있다.

일터에서 긍정 정서 역시 적응적인 기능을 하고 있다. 확장과 구축 이론을 기반으로 한 연구들에 따르면 회의에서 긍정 정서를 경험한 집단은 그렇지 않은 집단보다 더 많은 아이디어를 도출해 낸다(Fredrickson, 2001). 또 긍정 정서는 조직 내 타인을 도와주는 행동이나 창의적 행동을 예측하는 주요한 요인인 것으로 알려져 있다(Amabile et al., 2005).

긍정 정서의 경험은 그 자체로 일의 의미를 향상하는 요인이 되기도 한다. 의미와 정서의 관계에 대한 연구에 따르면, 인지적인 요인으로서 의미의 역할도 중요하지만, 사람들은 매일매일 일상이 즐겁다고 느끼면 삶이 의미 있다고 인식하기도 한다(King et al., 2006).

또 긍정 정서가 쌓는 다양한 사회적, 정서적 자원들은

관계성의 욕구, 유능성의 욕구 등을 충족시켜 이를 통해 일의 의미를 높이기도 한다. 일터에서의 즐거움, 감사, 자부심과 같은 다양한 긍정 정서를 경험하면 사람들은 새롭게 관계를 형성하며, 새로운 일에 도전하고, 창의적인 결과물을 낸다. 이것이 일에서 소속감과 유능성을 강화해서 일의 의미를 향상할 수도 있다(Autin et al., 2022).

최근 연구에 따르면 사람들이 일의 의미를 느껴서 선제적인 행동을 하기도 하지만, 선제적인 행동을 하고 나면 일에서 의미를 더 느끼게 되기도 한다(Fay et al., 2023). 긍정 정서는 그 자체로도 일의 의미를 향상하고, 긍정 정서가 만들어 내는 다양한 행동이 일의 의미를 향상할 수 있다는 것을 알 수 있다.

인공지능 기술의 적용과 즐거움의 경험

인공지능 기술과 관련된 상당수 연구는 인지적인 측면에 대한 연구로, 정서적 경험에 대한 연구는 상대적으로 부족하다. 특히 불안과 위협 같은 부정 정서에 대한 연구는 상당수 진행했으나 긍정 정서에 대한 연구는 부족하다. 더욱이 일터라는 맥락에서 인공지능 기술은 위협적인 요인이 되기 때문에, 인공지능 기술의 사용에 대한 긍정 정서보다는 부정 정서적 측면이 부각되는 것도 사실이다(Park et al., 2024).

인공지능 기술의 사용이 만연해지는 지금 언제 혹은 누가 인공지능 기술을 사용할 때 긍정 정서와 만족감을 느끼는지에 대한 연구도 필요하다. 긍정 정서를 향상하고 부정 정서는 감소하는 이중 경로에 대한 이해가 필요하며 조직 역시 각각의 정서적 태도를 이해하고 대처하는 것이 필요하다(Morandini et al., 2023). 인공지능 기술 관련된 스트레스만 관리하는 것이 아니라 인공지능 기술의 사용으로 인한 만족감, 즐거움, 재미와 같은 요소를 상승시키는 방안도 필요하다.

일터에서 인공지능 기술의 사용이 즐거움을 줄 때는 우선 효율성이나 과업 수행에 도움이 된다고 판단될 때다(Park et al., 2024). 예를 들어 인공지능 시스템을 통해서 반복적인 업무를 자동화하고 인지적 부담을 줄여줄 경우 작업자들은 효율성이 향상된다고 느끼며 긍정 정서를 경험할 수 있다.

또 인공지능 에이전트의 개인화된, 빈번한 피드백은 업무에서 만족과 즐거움을 주는 요인이 될 수 있다. 피드백은 직무 만족과 일의 의미 향상에 주요한 요인인데(Hackman & Oldham, 1975) 일반적으로 횟수가 잦을수록 긍정적이며, 피드백의 내용 못지않게 빈번한 피드백은 만족을 향상할 수 있다. 인공지능 에이전트를 통해 24시간 상시적인 피드백을 받는 것이 가능해졌고 빈번한 피드백은 긍정 정서를 높일 수 있다. 실제로 업무에서 개인의 역량 수준을 알려 주고 개인화된 피드백을 제공하는 인공지능 도구는 긍정 정서를 유발하며, 자신에 대한 가치감을 향상했다(Morandini et al., 2023).

긍정 정서를 경험하기 위해서는 인공지능 기술의 사용과 관련된 편견이나 불안을 잠재우는 것이 선행되어야 한다. 일반적으로 부정 정서는 긍정 정서보다 영향력이 세고, 일터에서도 마찬가지다. 인공지능 기술이 도입되었을 때 불안이나 위협이 정서적 안녕감과 즐거움과 같은 정서적 경험을 낮추는 주요 요인이 될 수 있다(Jin et al., 2024).

구체적으로 인공지능 기반 챗봇과의 상호작용을 통해 작업자가 경험하는 정서에 관한 연구 결과를 살펴보자. 미국의 한 금융 회사의 직원들을 대상으로 사내용 챗봇을 사용하게 했다(Gkinko & Elbanna, 2022). 해당 챗봇은 조직 내 서류 양식의 위치를 찾거나 비밀번호를 변경하는 등 IT와 관련된 문의를 주로 답변하는 용도였으며, 번역 등의 업무도 수행했다. 약 2년간 챗봇을 사용한 후 직원들의 정서적 경험을 인터뷰한 결과 긍정 정서와 관련해서는 만족과 관련된 정서(contentment emotions)와 재미와 관련된 정서(amusement emotions)를 느꼈다.

만족과 관련해서는 인공지능 챗봇을 통해 일의 효율을 높였다고 느꼈고, 편리하다는 점에서 행복, 즐거움을 느꼈다. 재미와 관련된 정서도 경험하는 것으로 나타났다. 작업자들은 흥미로운 질문을 하거나, 챗봇을 훈련할수록 더 나은 답변이 도출된다는 사실을 확인하는 과정에서 재미와 호기심을 느꼈다. 또한 챗봇의 인터페이스는 가상적 표상을 지니고 있어 사용자로 하여금 사회적 존재감(social presence)을 느끼게 하는 요인이 되었다. 일부 사용자는 챗봇에 이름을 지어 주거나 아바타의 외형을 바꾸며, 챗봇을 통해 일터에서 재미를 느끼고 현실로부터의 일시적 도피(escapism)를 경험하기도 했다.

최근에는 인공지능 기술이 팀원으로 포함되었을 때 정서 현상을 연구하기도 한다. 한 연구에서 인간-인공지능 협업이 이루어지는 비디오 게임 환경에서 인공지능 에이전트의 정서적 표현의 역할과 인간-인공지능 협업 경험을 조사했다(Mallick et al., 2024). 우선 참가자들은 인공지능 팀원이 긍정 정서를 표현하는 것을 표현하지 않는 것보다 좋아했다. 특히 맥락과 과업에 맞게 적절한 정서와 정서의 강도를 표출하는 것을 선호했다. 상황이 긴박한데 과한 즐거움을 표현할 경우 어색하다고 느끼며 협업에 도움이 안 된다고 평가했다.

인공지능 팀원의 정서는 과업의 진행 상황에 대한 신호(signal)의 역할을 하기도 했다. 인공지능 에이전트가 전체의 협업 상황을 보며 표출하는 정서는 상황이 잘되고 있다거나, 상황이 긴박해서 서로 간 긴밀한 협동이 필요하다는 등 과업과 팀원 간 상황에 대한 정보를 제공하는 역할을 했다. 이러한 긍정 정서의 표현은 인간 구성원들에게 사회적 지지가 되었고, 동기의 근원으로 작동해서 과업에 더 집중하게 하는 요인이 되었다.

인공지능 기술을 도입을 통한 긍정 정서 향상 방안

인공지능 기술에 대한 긍정적 반응과 부정적 반응을 비교하면 부정적 정서 반응이 훨씬 강한 것은 사실이다. 조직에서는 우선 부정 정서와 스트레스를 낮추는 데 자원을 투여해야 하지만, 긍정 정서 경험을 향상하기 위한 별도의 노력도 필요하다.

인공지능 시스템을 사용하면서 긍정 정서를 높이기 위해서는, 시스템의 사용을 강요하지 않으면서 유용한 정보 전달을 통해 만족감을 느끼게 하는 것이 선행되어야 한다. 잦은 피드백을 제공하는 것이 즐거움을 줄 수 있지만 의무적으로 사용하거나 인간 동료의 피드백을 받을 수 없는 상황이라면 좌절로 이어질 수도 있다. 또 사회적 존재감을 향상하고자 한다면 적절한 수준의 의인화나 개인화가 가능한 인터페이스도 약간의 재미를 주는 요인이 될 수 있을 것이다.

인공지능 에이전트의 정서 표현과 관련해서는 인간의 다양한 정서적 반응과 표현을 모방하기보다는 다소 단순하고 명확한 정서적인 톤을 인공지능 에이전트가 표출하는 것이 더 유용할 수 있다(Mallick et al., 2024). 인공지능 에이전트의 정서적 상태를 통해 팀 상황의 긴급성이나 목표 달성 수준을 전달하고 사회적 지지를 강화하는 기능을 할 수 있다. 인공지능 에이전트를 세밀한 인간의 감정선을 흉내 내며 인간 같은 팀원으로 설계하기보다는 유용한 정보를 제공하는 존재로서 감정을 활용하는 역할을 하는 것이 적절하다.

정서 경험을 파악하고 긍정 정서를 공유하는 것이 중요하다고 해서, 일터에서 작업자의 정서를 모니터링하고 측정해야 하는가는 별개의 문제다. 작업자의 목소리, 얼굴 표정, 비언어적 · 언어적 요소를 모니터링하고 측정하는 것은 피곤, 소진 등을 파악할 수 있는 장점이 있지만, 작업자 입장에서 정서 관리를 지속적으로 해야 한다는 압박을 느끼게 된다. 긍정 정서의 바람직한 기능에도 불구하고, 긍정 정서를 억지로 표현해야 하는 것도 정서 조절의 일환으로, 이는 자기 규제 자원을 소모하게 된다(Grandey, 2000). 이렇게 소모된 자원은 개인이 실제 수행에 쏟을 자원의 소모로 이어지고 이는 개인과 조직의 수행이 하락할 수 있다.

인공지능 기술을 일터에 적용할 때는 만족감과 즐거움을 느낄 수 있도록 설계하는 것이 중요하다. 그러나 긍정 정서 유지를 위해 과도하게 강한 긍정 감정을 유발할 필요는 없다. 불안이나 위협을 느끼지 않는 환경을 보장하고, 적정 수준의 만족감을 제공하는 것이 필요하다. 따라서 적정한 정서적 경험이 어느 정도인지, 그리고 인공지능 기술 적용에 따라 정서 경험이 어떻게 변화하는지를 이해하는 것이 선행되어야 한다.

참고문헌

Amabile, T. M. et al.(2005). Affect and creativity at work. *Administrative Science Quarterly*, 50(3), pp.367~403.

Diener, E.(1984). Subjective well-being. *Psychological Bulletin, 95*(3), pp.542~575.

Fay, D. et al.(2023). Creating meaning by taking initiative: Proactive work behavior fosters work meaningfulness. *Applied Psychology, 72*(2), pp.506~534.

Fredrickson, B. L.(2001). The role of positive emotions in positive psychology: The broaden-and-build theory of positive emotions. *American Psychologist, 56*(3), pp.218~226.

Grandey, A. A.(2000). Emotional regulation in the workplace: A new way to conceptualize emotional labor. *Journal of Occupational Health Psychology, 5*(1), pp.95~110.

Hackman, J. R. & Oldham, G. R.(1975). Development of the job diagnostic survey. *Journal of Applied Psychology,* 60(2), pp.159~170.

Jin, G. et al.(2024). The work affective well-being under the impact of AI. *Scientific Reports, 14*(1), 25483.

Judge, T. A. & Ilies, R.(2004). Affect and job satisfaction: a study of their relationship at work and at home. *Journal of Applied Psychology, 89*(4), pp.661~673.

Keltner, D. & Haidt, J.(1999). Social functions of emotions at four levels of analysis. *Cognition and Emotion, 13*(5), pp.505~521.

King, L. A. et al.(2006). Positive affect and the experience of meaning in life. *Journal of Personality and Social Psychology, 90*(1), pp.179~196.

Mallick, R. et al.(2024). The pursuit of happiness: The power and influence of AI teammate emotion in human-AI teamwork. *Behaviour & Information Technology, 43*(14), pp.3436~3460.

Morandini, S. et al.(2023). The impact of artificial intelligence on workers' skills: Upskilling and reskilling in organisations.

Informing Science, 26, pp.39~68.

07
인공지능으로 야기된 불안과 일의 의미

불안은 인공지능 기술의 활용과 인공지능 시대가 초래하는 가장 흔한 정서적 반응 중 하나다. 불안은 미래와 환경의 위협에 대한 반응으로 나타나며 통제감의 상실을 유발하고 일의 의미 감소로 이어진다. 인공지능 기술로 인해 야기되는 다양한 불안의 종류와 일의 의미의 관계를 살펴본다.

AI와 애니메이션?

부정 정서와 일의 의미

두려움(fear)과 불안(anxiety)은 부정 정서의 한 종류로 생리적, 심리적, 사회적 위험에 반응해서 느끼는 정서다(Öhman, 2008). 불안과 두려움은 문화와 연령 등에 관계없이 인간이 느끼는 보편적인 정서로, 서로 관계가 있지만 구별되는 정서다. 두려움은 즉각적인 위험, 고통 또는 위협의 인식에 의해 유발되는 부정적인 감정이다. 일반적으로 현재에 초점을 맞춘 반응으로, 실제 또는 인지된 위협에 대처할 수 있도록 신체적, 심리적 변화를 유발한다.

반면 불안은 미래 지향적이며, 특정하거나 즉각적인 유발 요인이 없는 것이 특징이다(Öhman, 2008). 미래를 생각했을 때, 혹은 개인이 상상한 위협에 대한 반응이라고 할 수 있다. 으슥한 밤길을 혼자 걷고 있는데 누가 쫓아오는 발자국 소리는 인간에게 두려움을 주지만, 취업준비생들이 취업을 생각했을 때 잘할 수 있을까라는 생각과 함께 드는 정서는 불안에 가깝다. 의외로 취업이 잘 풀릴 수도 있지만 미래를 떠올렸을 때 알 수 없는 상황과 내가 상상한 위협에 대한 생각이 불안을 주는 것이다. 영화 〈인사이드 아웃 2〉에서 불안 캐릭터가 처음 등장했을 때 아주 많은 가방을 들고 있었다. 이는 미래에 어떤 일이 일어날지 몰라 이것저것 다 준비한 불안의 특징과 기능을 보여 준다.

일터에서도 불안과 두려움을 비롯한 다양한 부정 정서를 느낄 수 있다. 주요한 이해 관계자들 앞에서 중요한 발표를 앞두고 불안을 느낄 수 있으며, 콜센터의 불만 고객을 대응하는 팀은 어떤 콜이 들어올지 몰라 상시 불안을 느낄 수도 있다. 불안, 두려움은 일터에서 통제감의 상실과 관련되며 이는 일의 의미, 안녕감, 수행이 하락하는 요인이 된다.

인공지능 기술이 야기하는 불안의 종류

인공지능 기술과 관련해서 느끼는 부정 정서는 불안과 두려움 중 전자에 더 가깝다. 즉 인공지능 기술이라는 낯선 대상과 인공지능 기술이 변화할 미래 일터와 사회가 예측이 되지 않기 때문에 사람들은 불안을 경험한다.

인공지능 기술과 관련된 일터에서 경험하는 불안의 유형은 다양하다(Park et al., 2024). 그중 가장 대표적인 형태는 현실적 위협으로부터 비롯된 직무 불안정성(job insecurity)이다. 인공지능과 관련된 직무 불안정성은 해고에 대한 우려를 넘어서, 장기적으로는 특정 직군 자체가 사라질 수 있다는 걱정을 반영한다. 미디어에서도 인공지능에 의해 대체될 직업을 부정적인 어조로 다룬 기사가 자주 등장한다. 지난 30년간의 인공지능 관련 기사를 분석한 연구에 따르면, 교육 및 의료 분야에서는 긍정적인 어조의 기사가 증가한 반면, 직업과 관련된 기사에서는 부정적인 어조가 지속적으로 증가하고 있는 것으로 나타났다(Fast & Horvitz, 2017).

직무 불안정성의 특징 중 하나는 주관적인 인식(subjective perception)이다. 동일한 일을 하더라도 지각하는 직무 불안정성의 수준은 다르다. 객관적인 직업의 대체 가능성보다는 개인이 지각하는 '내 일이 없어질 것 같다'는 생각이 일의 의미나 다른 요인에 영향을 주는 주요한 요소다. 주관적인 직무 불안정성은 조직의 변화, 역할에 대한 인식, 개인이 느끼는 통제감 등 여러 요인에 의해 영향을 받는다. 인공지능 기술이 나의 과업을 직접적으로 대체하지 않더라도, 기술의 도입과 확산으로 인한 환경 변화, 통제감의 변화가 직무 불안정성을 증가시킬 수 있다.

또 다른 형태의 불안은 정체성 위협(identity threat)에서 비롯된다. 정체성 위협에 대한 불안은 인간의 고유함과 독특함이 위협받는다고 느낄 때 발생하는 불안이다(Hewstone et al., 2002). 이는 집단의 고유한 정체성을 유지하려는 심리와 밀접하게 연관된다. 예컨대 내집단(in-group)의 독특성이 약화되고 외집단과의 경계가 모호해지면 개인은 자신의 정체성이 위협받고 있다고 느끼게 된다(Hewstone et al., 2002). 특히 인공지능이 인간과 같이 자율성을 갖춘 존재로 인식될 때, 인간과 기계 간의 경계가 흐려지며 정체성에 대한 위협감을 더욱 강하게 느낄 수 있다(전세희 외, 2025).

또 사람들은 창의성을 인간만의 고유한 능력으로 인식하는 경향이 있으며, 인공지능이 예술이나 추상화와 같이 창의성이 요구되는 영역에서 활용될 때 상업적 용도에 활용될 때보다 더욱 부정적인 반응을 보인다(Magni et al., 2024). 이와 같은 맥락에서, 인공지능이 창의적인 작업에 대해 부정적인 피드백을 줄 경우, 동일한 피드백을 인간이 제공할 때보다 더 강한 정체성의 위협을 느꼈다(전세희 외, 2025).

불안 외에도 다양한 부정 정서를 경험한다. 예를 들어 좌절(frustration)이나 짜증에 가까운 경험도 포함된다. 이는 실제적인 인공지능 시스템 사용에서 경험할 수 있는 정서다(Gkinko & Elbanna, 2022). 일터에서 인공지능 시스템을 사용할 때 오류가 나거나 원하는 대답을 도출하지 못할 경우 좌절감을 경험하기도 한다.

예를 들어 한 회사에서 IT와 관련된 문제를 인공지능 챗봇을 통해 해결하고자 했다. 비밀번호 찾기와 같이 흔하게 발생하면서 큰 변수가 없는 문제가 존재한다. 반면 매우 구체적이고 흔하지 않은 문제도 생길 수 있다. 챗봇이나 인공지능 에이전트를 사용할 경우 문제를 분류하기 위해 필수적인 절차를 거친다. 일반적이고 자주 발생하는 문제가 아닌 경우 인간의 도움이 필요한데, 이슈를 찾기 위한 의무적인 단계에 대답해야 하는 상황이 시간 낭비처럼 여겨지거나, 때로는 좌절감을 주기도 한다. 이러한 인공지능 기술의 사용을 둘러싼 다양한 부정 정서 경험은 일에 대한 회의감, 냉소주의, 일의 의미의 하락을 불러일으킬 수 있다.

인공지능 기술로 인한 불안과 냉소주의, 그리고 일의 의미

인공지능 기술의 사용은 내가 하는 일의 의미를 자문하게 되고 일 자체에 대한 무관심한 태도로 이어질 수 있다. 냉소주의는 일에 대한 무관심하고 부정적인 태도로 정의된다(Cartwright & Holmes, 2006). 냉소주의는 불확실성으로 대변되는 시기에 조직 구성원들이 자주 경험하는 일에 대한 태도다(Cartwright & Holmes, 2006).

인공지능 기술에 대한 인식과 관련된 불안은 내가 하는 일의 의미를 자문하게 되고 일 자체에 대한 냉소주의를 높일 수 있다.

조직 심리학자 박지영 · 정예슬(2020)이 한국 직장인을 대상으로 진행한 연구에 따르면 인공지능 기술의 탁월성에 대한 기사를 읽은 한국 직장인들은 인공지능 기술의 유능함을 인식하게 되고, 이것은 직무 불안정성을 통해서 일에 대한 냉소주의를 높게 지각하는 결과를 초래했다. 미국 직장인을 대상으로도 해당 연구 결과는 반복 검증되었다.

주목할 점은 냉소주의와 일의 의미는 직무 불안정성에 크게 영향을 받지 않았다는 것이다. 즉 냉소주의가 높을 경우 직무 불안정성에 관계없이 일의 의미는 지속적으로 낮았다. 일의 의미 수준이 낮은 사람은 인공지능 기술 도입과 관계없이 원래 냉소주의가 높았다. 반면 일의 의미를 높게 지각했던 사람들은 인공지능으로 직무 불안정성이 높아질수록 냉소주의가 높아졌다. 자신의 일에서 의미를 느끼고 있는 사람들은 일에서 희생하고 헌신했던 사람들이다. 이런 사람들이 인공지능 기술로 인해 직무 불안정성을 느끼게 될 경우, 미래를 선제적으로 대처해야 한다는 생각을 하게 되고 이는 더 강한 소진과 불안, 냉소주의로 이어질 수 있다. 인공지능 기술을 도입할 때 일의 의미와 헌신 수준이 높은 사람들이 부정적 영향을 더 많이 받을 수 있다는 것을 기억하고 이들을 위한 장치가 필요할 것이다.

인공지능 기술로 인해 위협을 느꼈을 때 긍정적인 것처럼 보이는 결과가 도출되기도 한다. 한 연구에서는 창의적인 과업을 수행하고 나서 인공지능 기술로부터 부정적인 피드백을 받은 후 사람들의 피드백에 대한 수용도를 조사했다(전세희 외, 2025). 예상과 달리 현실적 위협이 클수록 인공지능 기술이 제공하는 부정적 피드백을 더 수용하는 경향이 나타났다. 인공지능 기술에 대한 위협이 오히려 피드백을 높이게 만들었다.

이는 위협을 통해 인공지능 에이전트의 피드백을 수용하게 하는 긍정적 효과처럼 보이기도 한다. 하지만 인간은 위협의 상황에 처하면 수동적이 되기도 한다. 위협 상황에서 인공지능 기술에 대한 비판적, 건설적 사고 없이 인공지능 에이전트의 피드백을 수동적으로 수용하는 것이기 때문에 긍정적인 효과로 판단하기 어렵다. 또 장기적으로 위협이 수행에 도움이 되지는 않는다. 위협은 거짓으로 일하는 척하게 만들기도 하고, 동료를 경쟁 상대로 인식해 해를 가하는 행동을 증가하기도 한다. 장기적으로 위협은 개인과 조직의 수행에 도움이 되지 않는다.

인공지능 기술로 인한 불안에 대한 대처

조직에서는 구성원의 직무 불안정성과 냉소주의를 이해하고 이를 줄일 방안을 모색할 필요가 있다. 직무 불안정성은 주관적 인식으로 객관적인 직무 대체 가능성과 다를 수 있다는 점을 유의하자. 우선 직무 불안정성에 대한 현실적인 인식을 공유하고 대처할 수 있는 방안을 마련하는 것이 필요할 것이다. 조직 구성원의 주관적 및 객관적 직무 불안정성 수준을 확인하고 조직 구성원들로 하여금 현재 상황을 정확하게 이해하게 하고 이를 바탕으로 대책을 강구하는 것이 필요하다.

직무 불안정성으로 인해 불확실성을 경험할 때, 조직과 개인은 통제할 수 있는 것과 없는 것을 명확히 구분할 필요가 있다. 예를 들어 시대적 변화와 같은 외부 환경은 통제 밖의 영역이다. 반면 개인과 조직이 통제할 수 있는 부분이 무엇인지 인식하고, 이에 집중하는 것이 필요하다. 이를 위해서는 의사 결정에 도움이 되는 정보를 적극적으로 찾아야 하며, 통제할 수 없는 일에 불필요하게 에너지와 자원을 소모하기보다는, 통제 가능한 영역에서 선제적으로 노력하는 태도가 필요하다.

인생에서 다양한 종류의 불확실성을 경험할 수 있다. 모두가 코로나19 팬데믹이라는 불확실한 사건을 경험하기도 했고 대학 입시, 첫 직장, 육아 등 다양한 삶의 주요한 사건들을 경험했다. 이런 주요 삶의 사건들은 불확실성과 약간의 불안을 동반한다. 이러한 불확실한 상황을 자신이 어떻게 건설적으로, 그리고 효과적으로 대처했는지 생각해 보는 것도 도움이 된다. 즉 자기 스스로를 회복 탄력성이 높은 사람이라고 생각하고 그와 관련된 단서를 찾아서 심리적으로 회복 탄력성을 높은 사람이라고 규정하는 것은 현재의 직무 불안정성을 극복할 수 있다는 믿음을 주기도 한다.

조직에서도 구성원들의 불안과 부정 정서를 줄이기 위한 선제적인 노력이 필요하다. 불안의 핵심에는 통제성의 약화와 상실이 있다는 것을 기억하고 절차와 방법이라도 투명성과 명확성을 확보하는 것이 필요하다. 즉 절차에서의 확실함(certainty in process)을 통해서 이 다소 흐릿한 상황에 작은 통제감을 주는 것이 필요하다.

인공지능 시스템 도입 과정에서 어떤 일이 일어나고 있는지, 앞으로 어떤 변화가 예상되는지 투명하게 공개하고 자주 소통하는 것이 중요하다. 루머에 대해서 분명하게 대처하는 등 커뮤니케이션 계획을 수립하고 이를 명확히 전달하는 것이 도움이 된다. 이러한 노력은 간단해 보이지만 효과적인 방법 중 하나다.

조직이 구성원들을 가치 있게 생각한다는 것을 알리는 것 역시 직무 불안정성 대처에 도움이 된다. 직무 불안정성이 높은 해고 시기의 직원들을 대상으로 조사한 결과 상사의 적극적 경청은 부하 직원들의 통제감을 높여 주었다(Kriz et al., 2021). 적극적 경청(active listening)은 타인의 말에 주의를 기울이고 있다는 것을 보여주는 사회적 지지의 한 형태다. 적극적 경청은 화자로 하여금 자신과 상황을 더 포괄적으로 바라보게 하고 현재 상황을 덜 왜곡되게 만들고 화자가 통제감을 잃지 않도록 돕는다.

또 적극적 경청은 화자로 하여금 권력감을 느끼게 하기도 한다. 상사와 대화를 하는데 그 상사가 적극적으로 경청하고 있다면 자신의 말이 힘이 있다고 느끼고 이를 통해 통제감과 권력감이 일시적으로 회복될 수 있다. 구성원의 통제감을 회복할 수 있는 방안으로서 적극적 경청, 투명한 의사소통은 작아 보이지만 효과적인 방법이다.

인공지능 기술로 인한 직무 불안정성을 줄이는 또 다

른 방법은, 인공지능 기술이 직업을 대체하는 것이 아니라 활용해야 하는 기술임을 인식하게 하고 관련 교육을 제공하는 것이다. 인공지능 활용 역량을 키우는 교육 프로그램을 제공하면, 직원들은 기술에 의해 대체되는 것이 아니라 기술 활용을 위해 조직의 지원을 받는다고 느끼게 할 수 있다. 많은 조직에서 인공지능 역량 강화 교육을 정기적으로 실행하고 있다. 이는 지식과 기술을 높이는 역할도 하지만, 인공지능 기술로 인한 직무 불안정성을 줄여 주는 역할을 할 수도 있다.

인공지능 기술을 일터에 적용할 때 조직 구성원이 경험하는 불안과 부정 정서를 이해할 필요가 있다. 불안으로 인한 통제감 상실은 스트레스의 원인이 되어 안녕감과 업무 수행을 저하하고, 일의 의미를 저하한다. 투명한 의사소통, 상사와 조직으로부터 지지받는 느낌, 지속적인 인공지능 활용 교육 등을 통해서 인공지능 기술과 관련된 불안과 부정 정서를 관리할 필요가 있다.

참고문헌

박지영·정예슬(2020). "인공지능의 유능함에 대한 인식이 직장인의 직무 불안정성과 냉소주의에 미치는 영향: 일의 의미의 조절된 매개효과". 《한국심리학회지: 산업 및 조직》, 33(2), 145~175쪽.

전세희 외(2025). “인공지능 기반의 부정적 피드백에 대한 수용도: 위협과 신뢰성의 매개 효과를 중심으로”. 《한국심리학회지: 산업 및 조직》, 38(1), 1~26쪽.

Cartwright, S. & Holmes, N.(2006). The meaning of work: The challenge of regaining employee engagement and reducing cynicism. *Human Resource Management Review, 16*(2), pp.199~208.

Fast, E. & Horvitz, E.(2017). Long-term trends in the public perception of artificial intelligence. *Proceedings of the AAAI conference on artificial intelligence, 31*(1).

Gkinko, L. & Elbanna, A.(2022). Hope, tolerance and empathy: Employee's emotions when using an AI-enabled chatbot in a digitalised workplace. *Information Technology & People, 35(6)*, pp.1714~1743.

Hewstone, M. et al.(2002). Intergroup bias. *Annual Review of Psychology, 53*, pp.575~604.

Kriz, T. D. et al.(2021). Coping with organizational layoffs: Managers' increased active listening reduces job insecurity via perceived situational control. *Journal of Occupational Health Psychology, 26*(5), pp.448~458.

Magni, F. et al.(2024). Humans as creativity gatekeepers: Are we biased against AI creativity?. *Journal of Business and Psychology, 39*, pp.643~656.

Öhman, A.(2008). *Fear and anxiety.* Handbook of emotions, 709~729.

Park, J. et al.(2024). Attitudes towards artificial intelligence at work: Scale development and validation. *Journal of Occupational and Organizational Psychology, 97*(3), pp.920~951.

08
인공지능과 핵심 직무 특성, 일의 의미

인공지능 기술이 과업에 적용됨에 따라 과업 정체성, 과업 중요성 등 핵심 직무 특성에 대한 인식이 변화하고 있다. 핵심 직무 특성은 일의 의미에 영향을 주는 주요한 과업 요인이다. 인공지능 기술이 변화하는 핵심 직무 특성을 살펴보고 이로 인한 일의 의미 변화를 설명한다.

AI와 인재 채용?

직무 특성과 일의 의미

일의 의미를 예측하는 주요한 요인 중 하나는 직무 특성(job characteristics)이다. 직무 특성은 산업 및 조직 심리와 조직 행동 분야에서 오랫동안 연구된 분야로 직무 특성은 다양하게 나뉜다. 그중 보편적으로 사용되며 많은 이론적, 실증적 지지를 받은 이론 중 하나는 해크먼(Hackman)과 올덤(Oldham) 박사(1975)의 '직무 특성 이론(Job Characteristics Model)'이다. 해당 이론에서는 다섯 개의 핵심 직무 특성을 기술 다양성(skill variety), 과업 정체성(task identity), 과업 중요성(task significance), 자율성(autonomy)과 피드백(feedback)으로 설명한다. 인공지능 기술이 직무 특성과 일의 의미에 미치는 영향을 이 직무 특성 이론을 기반으로 해서 설명하고자 한다. 우선 각각의 직무 특성의 특징을 살펴보자.

기술 다양성은 직무가 다양한 기술과 능력을 요구하는 정도를 의미한다. 하나의 기술을 반복적으로 사용하는 업무보다 여러 기술과 능력을 쓰면 기술 다양성을 느끼고 일의 의미를 더 느낄 수 있다.

과업 정체성은 직무가 하나의 완성된 결과물을 만들어 내는지를 뜻한다. 과업 전체를 봤을 때 일부분을 담당하는 것이 아니라 완성된 결과물 전체를 담당할 경우 과업 정체성이 높을 수 있다. 필자는 아이돌을 비유해서 직무 특성을 종종 설명하곤 하는데 과업 정체성과 기술 다양성이 높은 아이돌의 경우 작사, 작곡, 안무에 다 개입해서 과업의 다양한 부분을 담당하고, 여러 기술을 활용하며, 이는 일의 의미를 높일 수 있다.

직무 특성 중 일의 의미와 주요하게 관계되는 과업 특성은 과업 중요성이다. 과업 중요성은 해당 직무가 타인이나 조직, 그리고 사회에 얼마나 의미 있는 영향을 미치는지를 나타낸다. 내가 하는 일의 영향력이 회사에서 끝난다고 생각하는 사람과 내가 하는 일이 더 나은 사회를 만드는 데 기여하고 있다고 생각하는 사람이 있다고 할 때 일의 의미는 후자가 훨씬 크다. 일의 의미의 경로에서 타인 경로에 해당한다.

자율성은 구성원이 업무 수행 방식과 일정에 대해 얼마나 자율적으로 결정할 수 있는지를 의미하며, 결과에 대한 책임감을 높일 수 있다. 3장에서 설명한 자율성의 욕구와 일맥상통하는 내용이다.

마지막으로 피드백은 직무가 수행 결과에 대한 명확한 정보를 얼마나 제공하는지를 뜻한다. 내가 과업을 수행할 때 그 수준과 결과에 대해서 피드백을 받을 경우 그렇지 않을 때보다 사람들은 만족하고 일의 의미를 느낄 수 있다. 아이돌과 가수라는 업은 피드백이 가장 많고 빠른 일 중 하나고 긍정적 피드백일 경우 피드백은 일의 의미를 높일 수 있다. 이러한 다섯 가지 과업 특성이 충족되는 일은 그렇지 않은 일보다 더 만족감을 주고 일의 의미를 높여 준다.

과업 특성에서 중요한 것은 '지각된(perceived)' 수준이다. 객관적인 과업의 특성도 중요하지만, 개인이 느끼는 주관적 수준이 중요하다. 아무리 자율성이 높고, 과업 중요성이 높은 과업이라고 해도 개인이나 일터의 구성원이 그것을 '느끼고, 지각하지' 못한다면 일의 의미로 이어지지 않는다. 또 객관적으로 낮은 기술 수준의 일이라고 해도 조직 구성원들의 관점이나 시각을 전환하고 기술 다양성, 과업 정체성을 향상함으로써 주관적 인식을 조정하여 일의 의미를 높일 수도 있다.

인공지능 기술의 적용과 직무 특성, 일의 의미

우선 과업 중요성 측면을 살펴보자. 과업 중요성 측면에서는 일에 대한 영향력을 인식하는 것이 일의 의미를 높일 수 있다. 영향력을 미치는 대상은 일터의 동료뿐 아니라 고객 혹은 수혜자(beneficiary)도 포함한다. 수혜자에 대한 영향력의 인식은 수혜자와의 접촉의 크기, 범위, 빈도, 물리적 또는 가상적 근접성 등에 영향을 받는다(Grant, 2007). 내가 하는 일이 수혜자 혹은 고객에게 미치는 영향력의 범위가 넓고, 깊고, 자주 영향을 미칠수록 일의 의미를 많이 느낄 수 있다. 장례 지도사가 자신의 일을 시신을 닦고 처리하는 일이라고 규정할 수도 있다. 하지만 수혜자를 고인의 지인들로 규정하고, 자신의 일을 '한 사람의 삶의 여정의 마무리를 도와주고, 남은 사람들의 슬픔을 덜어 주는 일'이라고 정의하면 관계가 확장되고 깊어지며 일의 의미를 더 느낄 수도 있다.

인공지능 기술이 단순 작업에만 활용될 경우, 과업 중요성에 미치는 영향은 제한적이다. 반면 인공지능이 인지적으로 복잡한 과업을 대체하게 되면, 내 일의 영향력의 범위가 줄어들어 과업 중요성에 대한 인식이 낮아질 수 있다. 이때 조직 구성원들의 일의 의미를 높이기 위해 수혜자의 범위를 확대하거나 조직의 비전을 추상화할 수 있다. 예를 들어 인공지능 기술의 사용이 일을 더 빨리 수행하는 데 도움이 된다고 소통하는 것이 아니라, 이 기술의 도입으로 더 상위의 추상적인 목표인 질병의 치료, 인간의 행복에 기여한다고 소통하는 것이 효과적이다.

또한 인공지능 기술이 편향되거나 해로운 결과를 낳는다면, 조직 구성원들은 자신의 조직이 부정적 결과와 연결되어 있다고 느끼며 과업 중요성 인식이 감소할 수 있다. 인공지능 기술이 소수 집단에 불리한 편향된 데이터를 제공한다면, 조직 구성원들은 자기 일이 정의롭지 못한 결과에 연루되었다고 느끼고, 이는 과업 중요성과 일의 의미를 저해할 수 있다. 반대로 조직이 새로운 기술을 건설적으로 활용하여 사회에 긍정적으로 기여하면, 조직 구성원의 일의 의미도 더욱 확장될 수 있다.

기술 다양성의 측면에서도 살펴보자. 과업 유형의 다양성과 기술 활용의 기회는 학습을 통한 성장과 잠재력의 개발, 다양한 역량의 개발 및 발휘를 통해 자기 확장(self-expansion)의 기회를 제공할 수 있다. 인공지능 기술을 유용한 도구로 적절히 활용할 경우 기술 다양성에 대한 인식은 높아지고 이는 일의 의미를 향상할 수 있다.

인공지능 에이전트를 사용함으로써 역량을 키우고 개발하고 완성된 작업을 스스로 할 기회가 생긴다면 과업 정체성 또한 높아질 수 있을 것이다. 다만 과업 정체성이 높아진다는 것은 독립적으로 일한다는 뜻이고 관계성의 하락을 동반한다는 점에서 과업 정체성과 관계적 측면을 함께 고려하는 것이 필요할 것이다.

피드백과 관련해서도 긍정적인 측면을 기대할 수 있다. 인공지능 기술의 활용은 업무 성과에 대한 피드백을 보다 자주, 그리고 즉각적으로 제공할 수 있는 수단이다. 상사의 피드백에 관한 연구에서도 피드백의 내용이 건설적인지도 중요하지만, 피드백이 자주, 신속하게 전달될 때 구성원의 성과에 긍정적인 영향을 미쳤다(Kuvaas et al., 2017). 특히 성과에 대한 피드백은 사람에게 받을 경우 사회적 체면을 잃는 것을 우려해서 인공지능 피드백을 더 선호하기도 한다(Pei et al., 2024). 유용하고 빈번한 피드백의 제공이라는 측면에서 인공지능 기술의 적용은 일의 의미를 향상할 수 있다.

하지만 자율성의 측면에서는 3장에서도 언급한 바와 같이 부정적인 영향이 나타날 수 있다. 인공지능 에이전트의 결과를 반드시 수용해야 하거나 인공지능 에이전트가 감시, 명령하는 입장이라면 과업 자율성이 낮아지고 일의 의미도 하락할 것이다. 반면 인공지능이 단순하거나 반복적인 작업을 수행하고, 직원들은 더 도전적이고 의미 있는 일에 집중할 수 있을 경우 자율성과 일의 의미가 증진될 수 있다.

과업의 자율성 측면에서는 감시와 조작에 유의해야 한다. 과업을 설계할 때 인공지능 시스템을 통한 상시적인 감시와 조작은 자율성에 심각한 위협이 될 수 있다. 인공지능 기반 감시가 강화되면 직원들의 행동이 제한되고 덜 자율적이고 덜 진정성 있게 행동하게 되며 이는 일의 의미의 하락을 초래한다.

변화하는 직무 특성에 대한 포괄적 이해

인공지능 기술로 인한 직무 특성의 변화는 개별적으로 그리고 상호작용해서 일의 의미에 영향을 줄 수 있다. 직무 특성 중 자율성은 낮아지지만 피드백에 대한 인식은 높아질 수 있다. 하지만 자율성에 대한 인식은 근원적이라 부정적인 영향이 부각되어 피드백에 대한 인식의 긍정적인 측면이 상쇄될 수도 있다. 이에 핵심 직무 특성의 다양한 측면을 확인하고 각각의 변화와 함께 전체의 변화가 일의 의미에 미치는 영향을 확인할 필요가 있다.

인공지능 기술과 과업 특성에 대한 연구 결과 역시 과업 특성의 다양한 측면을 고려하는 것이 필요함을 보여준다. 다양한 직종에 속한 인도 직장인을 대상으로 인공지능 기술이 적용된 과업 특성에 대한 인식을 조사했다(Verma & Singh, 2022). 핵심 과업 특성 중 직무 자율성, 기술 다양성에 초점을 두었다. 과업 특성과 더불어 인공지능 기술로 인한 지식 세분화(specialization) 및 정보 처리(information processing)가 혁신 행동을 높일 것이라고 예측했다.

다양한 직무 특성과 기술 관련 특성을 고려했을 때, 직무 자율성에 대한 인식이 혁신적 행동을 예측하는 주요한 요인인 것으로 나타났다. 인공지능 기술로 얻을 수 있는 혜택을 강조하면 자율성을 향상할 수 있고 궁극적으로 혁신 행동도 높일 수 있었다(Verma & Singh, 2022).

기술 다양성에 대한 인식은 예상 밖으로 혁신 행동에 부정적인 영향을 미쳤다(Verma & Singh, 2022). 인공지능 기술로 인해서 과업에서 기술을 다양하게 요구한다고 인식하는 것은 오히려 혁신 행동을 하락하는 요인이 되었다. 이는 변화하는 인공지능 기술에 맞춰서 새로운 지식과 기술 습득을 계속 요구할 경우 오히려 역효과가 나타날 수 있음을 시사한다. 새로운 지식과 기술이 습득되는 데 시간이 소요되며 추가적인 학습을 하는 구성원이 느낄 수 있는 부담과 스트레스를 이해할 필요도 있다. 인공지능 기술로 과업이 복잡해진다고 해서 무조건 일의 의미가 향상된다기보다 작업자가 효능감을 바탕으로 그 일을 감당할 수 있을 때 일의 의미가 향상되고 수행으로 이어질 수 있음을 시사한다.

인공지능 기술로 인한 핵심 직무 특성을 직접적으로 측

정하지는 않았지만, 한 연구에서 로봇 도입이 과업, 일의 의미에 미치는 영향을 종단적으로 조사했다(Nikolova et al., 2024). 2005년에서 2021년에 걸쳐 20개 유럽 국가의 다양한 산업 노동자 데이터를 분석했다. 이 연구에서 산업 내 자동화와 로봇 도입이 증가할수록 인간의 일이 더 단조롭고 반복적으로 변한다는 사실을 밝혔다.

기계가 많은 기능을 대체하면 인간에게 남는 일은 대부분 반복적이고, 범위가 좁은 일이었다. 일의 의미와 관련해서도 자율성과 관계성이 충족되지 못하고 자동화될수록 결국 일의 의미가 줄어드는 결과가 도출되었다. 또 해당 연구 결과는 산업의 종류에 관계없이 나타났다. 건축, 제조, IT 업계에 관계없이 기계의 자동화는 일의 의미를 하락했다.

암울한 결과들 속에서 하나의 완화 요인을 찾았다. 과업의 특성 중 컴퓨터와 일하며 기계를 통제하는 일(being in control of the machine)을 하는 경우 로봇 도입과 자동화의 부정적인 영향이 나타나지 않았다. 고객과 함께 일하는 경우와 같이 관계성이 부각된 과업의 영향력도 유의하지 않았고, 기계를 통제하는 과업의 긍정적인 영향만 확인되었다. 다양한 과업 특성 중 자율성, 통제감과 관련된 영역이 부정적인 영향을 완화하는 데 중요한 요인임을 다시 한번 알 수 있다.

물론 해당 연구 결과는 인공지능 기술의 도입을 측정한 것은 아니라는 것을 염두에 두고 해석해야 한다. 하지만 다양한 과업 특성이 종단적으로 일의 의미에 미치는 영향이 다소 다르다는 것을 알 수 있다. 또 과업 특성 중에서도 자율성을 중요시해야 한다는 것도 확인할 수 있다. 마지막으로 자동화에 따라 일의 의미의 하락이 예견된다는 것은 참고할 만하다.

인공지능 기술을 도입하면 핵심 직무 특성이 변화할 수 있다. 기술 다양성, 과업 정체성, 과업 중요성, 자율성과 피드백 측면에서 각각의 변화와 전체의 일의 의미 변화를 파악해야 한다. 자율성 측면에 우선순위를 두되, 핵심 직무 차원의 다양한 측면을 관리하고 확인하며 일의 의미를 지키는 것이 필요하다.

참고문헌

Grant, A. M. (2007). Relational job design and the motivation to make a prosocial difference. *Academy of Management Review*, 32(2), pp.393~417.

Hackman, J. R. & Oldham, G. R.(1975). Development of the job diagnostic survey. *Journal of Applied Psychology, 60*(2), pp.159~170.

Kuvaas, B. et al.(2017). Constructive supervisor feedback is not sufficient: Immediacy and frequency is essential. *Human Resource Management, 56*(3), pp.519~531.

Nikolova, M. et al.(2024). Robots, meaning, and self-determination. *Research Policy, 53*(5), 104987.

Pei, J. et al.(2024). Saving face: Leveraging artificial intelligence-based negative feedback to enhance employee job performance. *Human Resource Management, 63*(5), pp.775~790.

Verma, S. & Singh, V.(2022). Impact of artificial intelligence-enabled job characteristics and perceived substitution crisis on innovative work behavior of employees from high-tech firms. *Computers in Human Behavior, 131*, 107215.

09
일의 의미를 만들고 유지하는 개인

일터의 구성원은 능동적인 존재로서 일의 의미를 스스로 만들어 낸다. 인공지능 기술을 바탕으로 인지적, 관계적, 과업적 측면에서 직무를 크래프팅하는 사례를 소개한다. 아울러 인공지능 기술에 대한 평가와 대응 방식에 영향을 미치는 성격 특성들을 살펴본다. 개인의 특성이 일의 의미 형성에 영향을 미칠 수 있음을 확인한다.

AI와 기자?

능동적 존재로서 작업자의 인공지능 크래프팅

직무 특성 이론은 소위 톱다운(top-down) 방식으로 과업의 특성을 조정하면 의미를 부여할 수 있다는 것을 전제로 한다. 일에서 핵심 직무 특성의 수준을 높인다면 어떤 작업자든 관계없이 일의 의미를 느낄 것이라고 생각한다. 다소 작업자를 수동적인 존재로 바라보는 접근이다.

하지만 일터의 구성원은 능동적인 존재다. 동일한 일을 해도 일에서 의미를 느끼는 수준이 다르며 이에 따라 직무 수행 결과도 달라질 수 있다. 이렇게 작업자를 능동적 관점에서 일의 의미를 만들 수 있는 존재로 바라보는 이론이 '직무 크래프팅(job crafting)'이다(Wrzesniewski & Dutton, 2001). 크래프팅이라는 말은 손으로 무엇인가를 조물조물 만든다는 뜻인데, 작업자가 일을 능동적이고 적극적으로 만든다는 의미를 함축하고 있다.

직무 크래프팅은 몇 개의 하위 요인으로 나뉘는데 대표적으로 인지적(cognitive) 크래프팅, 과업적(task) 크래프팅, 관계적(relational) 크래프팅으로 나뉜다. 이를 기반으로 최근 학자들은 인공지능 기술을 활용해, 인지적, 관계적, 과업적 측면에서 직무를 재설계하고 크래프팅하는 방안을 제안하고 있다.

소위 ‘인공지능 크래프팅(artificial intelligence crating)’이라고 명명하기도 하며 인공지능 기술 도입에 대응해서 자신의 업무, 관계, 그리고 사고방식을 조정하며 인공지능 기술을 수용·활용하는 현상을 설명한다(Li et al., 2024). 인공지능 크래프팅 역시 인지적, 관계적, 과업적 크래프팅으로 나누어 설명할 수 있다.

우선 인지 크래프팅은 가장 근본적인 변화이자 어떻게 보면 가장 쉬운 것처럼 보인다. 작업자들이 인공지능 기술 도입에 따라 자신의 직무를 인지적으로 재해석하거나 의미를 재구성하는 것을 뜻한다. 프랑스의 은행 직원들을 대상으로 한 질적 연구를 살펴보자. 인공지능 기술의 도입에 대해서 어떻게 의미를 형성하고 직무 크래프팅을 하는지 인터뷰를 통해 조사했다(Perez et al., 2022). 참가자들은 고객 서비스 담당자(customer advisors)였다. 알고리듬이 자신의 기존 전문성 영역을 침범하자, 몇몇은 자신의 직무를 ‘고객의 삶에 필수적인 개인적 조언자’로 재정의했다(Perez et al., 2022). 이것이 인지 크래프팅이다. 알고리듬보다 고객을 더 잘 이해하는 존재로, 단순히 상품을 판매하는 것이 아니라 고객의 삶을 진정으로 돕는 역할임을 지각했다. 이러한 인지적 재구성을 통해, 일의 의미를 향상했다.

또 다른 사례에서 관찰된 인지 크래프팅은 인공지능 기술을 자신의 전문성을 보완하는 도구로 인식하는 것이다. 예를 들어 의사는 자신의 역할을 '진단자'에서 '건강 조언자'로 재정의하여, 인공지능 진단 결과를 참고하되 환자 상담과 공감에 집중할 수 있다. 이러한 인지적 크래프팅을 통해 인공지능 기술이 반복적, 계산적 업무를 담당하는 동안, 인간은 윤리적, 창의적, 사회적 측면에 집중함으로써 긍정적인 일 정체성을 수립하고 일의 의미를 재구성할 수 있다.

과업 크래프팅은 수행하는 과업의 종류나 수행 방식이 변화하는 것을 의미한다(Wrzesniewski & Dutton, 2001). 조직 구성원들은 인공지능 시스템을 사용할 때 자신에게 중요한 과업에 대해서 경계를 만들고 조정하기도 한다. 예를 들어 소프트웨어 개발자들은 챗지피티와 같은 생성형 인공지능 에이전트를 자신의 워크 플로(work flow)에 통합하여 반복적이고 지루한 코딩 작업은 인공지능에게 맡기고, 자신은 더 창의적이고 복잡한 업무에 집중할 수 있도록 과업을 분배하고 경계를 만들었다(Freise et al., 2025). 이를 통해 업무 효율성이 향상되었을 뿐만 아니라, 개발자들은 더 의미 있는 일에 집중할 수 있어 직무 만족도가 높아졌다고 응답했다.

채용 담당자의 과업 크래프팅 사례를 살펴보자. 인공지능 기반 채용 시스템을 사용하는 채용 담당자가 인공지능 에이전트에 의해 추려진 후보자 목록이 너무 편향적이거나 좁다고 판단되면, 인공지능의 제안을 넘어 수동으로 후보자를 탐색하거나 검색 조건을 조정하는 일들도 과업 크래프팅의 일환이 될 수 있다. 이러한 과업 크래프팅을 통해 더 넓은 인재풀을 확보하고, 인공지능 에이전트의 한계를 인간의 판단으로 보완하는 역할을 할 수 있다. 인공지능 시스템의 안내와 피드백은 받되, 필요에 따라 과업을 수정하거나 추가하여 인공지능의 한계를 보완한다. 이를 통해 자신의 유능함, 자율성을 확보하고 일의 의미를 재구성하고 향상할 수도 있다.

마지막은 관계 크래프팅이다. 인공지능 기술은 동료, 고객, 인공지능 시스템과 상호작용하는 방식에도 변화를 가져온다. 다양한 사회적 관계를 적극적으로 조정하여 일의 의미를 향상하는 것을 관계 크래프팅이라고 한다. 앞서 설명한 프랑스 은행 고객 서비스 담당자 대상 연구에 따르면, 인공지능 예측 시스템이 고객과 자신의 접점을 약화하고 고객과의 관계를 비인간화(depersonalize)하는 것을 우려했다. 어떤 사람들은 오히려 더 인간 중심의 서비스를 제공하고 고객과의 애착을 강화하고자 했다(Perez et al., 2022).

예를 들면 거동이 쉽지 않은 나이 많은 고객들의 집을 직접 방문한다거나 은행 제품과는 관계없지만 세금 관련 조언을 하는 등의 방법으로 고객과의 관계를 돈독히 하고자 했다. 한 참가자는 "인공지능 기술이 침투할 수 없는 영역, 즉 신뢰, 책임감, 정서 지능과 같은 영역을 인간의 강점이자 인공지능 기술의 약점"으로 간주했다. 이러한 영역에 초점을 둔 관계 크래프팅은 고객과의 관계성을 통해 일의 의미를 향상했다.

인공지능 기술로 인한 관계의 공백을 막기 위한 크래프팅 노력도 가능하다. 인공지능 기술이 팀 내 과업이나 업무 배분을 담당할 경우, 팀원들은 알고리듬에 의해 누락될 수 있는 중요한 정보를 공유하기 위해 비공식적 소통 채널을 새롭게 만들 수도 있다. 이를 통해 동료와의 관계를 유지할 수 있다.

또 일부 사례에서는 인공지능 에이전트와의 관계 개선을 위한 관계 크래프팅도 나타났다. 예를 들어 인공지능 기술 에이전트와의 관계가 발전하기도 했다. 인터페이스를 익히고 피드백을 제공하거나 설정을 조정하는 등 기술과의 관계 형성을 위한 관계 크래프팅이 이루어졌다(Gkinko et al., 2023).

인공지능 기술이 직무에 도입될 때 전통적인 일의 의미의 원천이 위협받을 수 있다. 하지만 인공지능 기술과 인공지능 기술로 인한 변화를 활용한 효과적인 직무 크래프팅은 일의 의미를 회복하거나 향상하는 데 도움을 준다. 인공지능 기술의 도입으로 일과 과업의 본질적인 측면이 변화하고 있지만, 인간의 역할을 사라지게 하는 것이 아니라 진화하도록 요구한다. 작업자들이 인공지능 기술에 대응하고 이를 활용하여 자신의 과업, 관계, 인지적 크래프팅을 할 경우 의미 있는 일을 지속할 수 있을 것이다.

통제감의 회복

직무 크래프팅과 같은 행동적 노력과 함께 인공지능 기술 도입에 대해서 누가 긍정적이고 건설적으로 반응하는지에 대한 연구도 다수 진행되고 있다. 인공지능 기술 도입이라는 사건에 대해서 불안을 덜 느끼거나 선제적으로 행동하는 사람들은 어떤 성격 특성이 있는지 확인할 필요도 있다.

성격 요인 중 통제감과 관련된 내적 통제 소재(internal locus of control)의 역할이 작업자의 인공지능 기술에 대한 반응과 태도를 설명하는 데 주요한 요인으로 밝

혀지고 있다(전세희 외, 2025; Cheng et al., 2023). 내적 통제 소재는 개인이 삶의 결과를 결정짓는 핵심적 원인이 자신의 행동과 선택이라고 믿는 성향이다(Rotter, 1990).

어떤 일이 일어났을 때 사람들은 그 원인을 찾는다. 자신 때문에 그 일이 일어났는지 혹은 타인이나 상황 때문에 그 일이 일어났는지를 판단하는데, 이런 판단의 정도가 개인마다 다르다. 어려운 프로젝트가 잘 끝났을 때 내가 진짜 열심히 해서라고 생각할 수도 있고, 이번엔 운이 좋아서라고 상황으로 귀인(歸因)할 수도 있다. 내가 노력하면 상황이 변화할 수 있다고 믿는다면 내적 통제 소재 성향이 높은 사람이고, 상황이나 타인이 결과를 결정짓는다고 생각한다면 외적 통제 소재(external locus of control) 성향이 높은 사람이라고 할 수 있다.

내적 통제 소재 수준이 낮은 사람들은 인공지능 에이전트로부터 부정적인 피드백을 받을 때 정체성 위협을 더 크게 느낀다(전세희 외, 2025). 통상적으로 위협이나 불확실성은 피드백을 거부하게 만들 것이라 예상되지만, 실제로는 통제감이 약화된 상황에서는 피드백을 수용하는 것이 보다 손쉬운 대처 전략이 될 수 있다. 내적 통제 소재가 낮은 사람은 인공지능 기술이라는 외부의 요건에 위협을 느끼고 비판 없이 수용하는 것을 택한다 (전세희 외, 2025).

반면 내적 통제 소재가 높은 사람들은 인공지능 기술이 일에 적용이 되어 위협을 느껴도 그 상황을 신중하게 분석하고 대응한다. 자신이 최종적으로 결과를 만들 수 있는 사람이며, 자신의 행동에 따라 이 불확실하며 다소 위협적인 상황도 달라질 것이라고 믿기 때문이다. 이들은 통제감을 유지하며 위협을 진단하고 해석하는 과정을 거쳐 위험을 무분별하게 추구하기보다는 평가를 통해 신중한 결정을 내리기도 한다(Miller & Mulligan, 2002).

인공지능 기술이 적용된 조직의 직장인을 대상으로 한 종단 연구에서도, 내적 통제 소재 수준이 높은 사람들은 인공지능 도입을 도전 상황으로 평가하고 수행을 향상할 수 있는 직무 크래프팅 행동을 보였다(Cheng et al., 2023). 반면 외적 통제 소재 수준이 높은 구성원들은 인공지능 기술 도입을 방해라고 인식했으며 최대한 인공지능 기술을 사용하지 않으려는 행동을 보이기도 했다.

내적 통제 소재는 인공지능 기반 피드백 및 인공지능 기술에 대한 개인의 수용 전략을 구분하는 중요한 요인으로 작용한다. 내적 통제 소재가 낮거나 외적 통제 소재 수준이 높은 사람들은 위협 상황에서 통제력 상실을 경험하며 건설적이지 않은 방향으로 대응한다. 반면 내적 통제 소재가 높은 사람은 위협에 즉각적으로 반응하기보다는 상황을 해석하고 자기 주도적으로 대응 방식을 선택한다.

이러한 연구 결과는 인공지능 도입 환경에서 개별 작업자의 성격적 특성을 고려한 맞춤형 피드백 설계와 지원 전략이 필요함을 시사한다. 내적 통제 소재가 낮은 작업자에게는 심리적 안전감과 통제감을 회복할 수 있는 환경을 제공하는 것이 중요하다. 반대로 내적 통제 소재가 높은 작업자에게는 자율성을 담보하고 정보를 제공하는 것이 필요하다. 이를 통해 위협을 효과적으로 진단하고 대처할 수 있도록 지원해야 이들이 변화에 선제적으로 대응하며 일의 가치와 의미 수준을 지킬 수 있을 것이다.

배움과 성장의 기회라는 인식

인공지능 기술 도입이라는 사건은 스트레스를 동반하는 사건이다. 작업자들의 스트레스 인식에 가장 중요한 요인 중 하나는 그 사건에 대한 평가(appraisal)다. 동일한 사건이라도 사람에 따라 그 사건을 평가하는 수준이 다르고, 이러한 평가가 개인이 지각한 스트레스 수준과 추후 행동에 영향을 미치게 된다. 특정 사건에 대한 지각과 평가는 개인 차이가 있으며 이러한 평가에 영향을 주는 성격 특성인 학습 목표 지향과 회복 탄력성의 역할을 설명하고자 한다.

학습 목표 지향(learning goal orientation)은 새로운 기술을 배우고 유능성을 높이는 것에 동기화되어 있는 정도를 뜻한다(VandeWalle, 1997). 학습 목표 지향이 높은 사람들은 새로운 도전적인 과제에 대해서 건설적인 반응을 보이는데, 이러한 상황을 '배울 수 있는 기회'라고 인식하고 평가하기 때문이다. 학습 목표 지향이 아닌 성취 목표 지향이 높은 사람들 역시 자신의 유능성을 높이는 데 동기화되어 있지만 적당히 잘할 수 있는 과제에 도전해서 자신의 능력을 입증하려고 한다는 점에서 학습 목표 지향이 높은 사람들과 구별된다.

학습 목표 지향이 높은 사람들은 타인과 경쟁에서 이기는 것이 아니라, 개인적으로 발전을 이루었을 때 성공이라고 규정한다(VandeWalle, 1997). 이러한 학습 목표 지향의 수준이 높은 사람들은 조직 내 변화 상황에 대해서도 건설적인 반응을 보이며 변화를 학습의 기회로 평가할 수 있다. 인공지능 기술 도입의 상황도 마찬가지다.

실증 연구에서 인공지능 기술을 도입한 병원의 구성원을 대상으로 학습 목표 지향이 직무 대체성에 대한 지각과 배움 행동에 미치는 영향을 조사했다(Arboh et al., 2025). 의사, 간호사, 약사 및 병원 내 행정을 담당하는 직원과 IT 직종 종사자들이 참가한 연구였다. 학습 목표 지향 수준이 높은 사람들은 인공지능 기술이 자신의 직업을 대체할 수 있다고 생각할수록 인공지능 기술을 더 적극적으로 활용하는 것으로 나타났다. 직무가 대체될 수 있어서 불안한 마음도 있겠지만, 학습 목표 지향이 높은 사람들은 인공지능 기술을 활용하는 새로운 방법을 시도하고 의도적으로 지식과 기술을 습득하고자 노력했다(Arboh et al., 2025). 인공지능 기술로 인한 직무 대체에 대한 두려움도 있지만, 위협으로만 간주하기보다 도전으로 바라보며 새로운 기술에 대한 배움을 쌓아 갔다.

변화를 긍정적으로 평가하고 건설적으로 대응하는데 영향을 주는 또 다른 성격 변인은 회복 탄력성(resilience)이다. 회복 탄력성은 어려운 상황에서 빠르게 회복하거나 견딜 수 있는 개인의 능력이다. 흔히 고무공에 비유하곤 한다. 꾹 눌려서 형태가 변할지라도 손을

떼면 다시 원상태로 복귀하는 그러한 탄력성을 심리적으로 지니고 있는 것이다. 심리학에서 회복 탄력성을 이야기할 때는 일반적인 회복(recovery)과 구별한다. 고무공처럼 원상태로 되돌아가는 것이 회복이라면 회복 탄력성은 이를 넘어서는 개념으로 규정짓는다. 역경의 상황에서 원상태로 돌아가는 것 이상으로 긍정적인 적응을 하는 것을 포함한다. 아주 간결하게, 역경에도 불구하고 긍정적인 적응을 하는 능력(positive adaptation despite adversity)이라고 정의 내리기도 한다(Luthar et al., 2006).

인공지능 기술에 대한 작업자의 반응과 태도에서도 회복 탄력성은 중요하다. 회복 탄력성이 높은 사람들은 낮은 사람들보다 인공지능 기술로 인한 불안에 인식이 직무 스트레스에 미치는 영향이 더 낮은 것으로 나타났다(Jin et al., 2024). 즉 회복 탄력성이 높다고 해서 인공지능 기술의 등장이나 적용으로 인한 불안을 느끼지 않는 것은 아니지만, 건설적으로 대응하기 때문에 직무 스트레스를 덜 느끼고 안녕감의 하락으로부터 스스로를 보호할 수 있다.

내적 통제 소재와 회복 탄력성은 일정 부분 개발 가능한 성격이다. 개인 차원에서 내적 통제 소재를 유지하고 강화해야 한다. 상황을 신중히 분석하고 자신이 통제할 수 있는 부분에 집중해 합리적으로 대응할 필요가 있다. 이러한 특성은 인공지능 기술 도입 등 급격한 기술 변화 상황에서도 불확실성에 흔들리지 않고, 능동적으로 적응 전략을 수립하는 데 중요한 역할을 한다. 또 회복 탄력성이 높은 개인은 인공지능 기술로 인한 불안이나 직무 스트레스를 효과적으로 완화할 수 있으며, 실패나 변화 상황을 성장의 기회로 삼아 자기 계발과 평생 학습에 적극적으로 임할 가능성이 높다.

인공지능을 비롯한 다양한 변화의 흐름 속에서 개인과 조직 모두가 '통제할 수 있는 것'과 '통제할 수 없는 것'을 명확히 구분하는 것이 중요하다. 변화의 모든 측면을 완벽하게 예측하거나 통제할 수는 없지만, 자신이 영향력을 미칠 수 있는 영역에 집중하여 통제감을 바탕으로 건설적으로 대응하는 자세가 필요하다. 또한 회복 탄력성을 바탕으로 스트레스를 효과적으로 관리하는 것이 중요하다. 이는 단순히 스트레스 대응을 넘어 변화에 긍정적으로 적응하고, 성장을 경험할 수 있는 기반이 된다. 궁극적으로 이러한 개인은 일에서 새로운 정체성을 형성하고, 일의 의미를 지속적으로 유지할 수 있을 것이다.

참고문헌

전세희 외(2025). "인공지능 기반의 부정적 피드백에 대한 수용도: 위협과 신뢰성의 매개 효과를 중심으로". 《한국심리학회지: 산업 및 조직》, 38(1), 1~26쪽.

Arboh, F. et al.(2025). From fear to empowerment: the impact of employees AI awareness on workplace well-being_ a new insight from the JD-R model. *Journal of Health Organization and Management.*

Cheng, B. et al.(2023). Challenge or hindrance? How and when organizational artificial intelligence adoption influences employee job crafting. *Journal of Business Research, 164,* 113987.

Freise, L. R. et al.(2025). Code and craft: How generative AI tools facilitate job crafting in software development. *Proceedings of the 58th Hawaii International Conference on System Sciences (HICSS).*

Gkinko, L. & Elbanna, A.(2023). The appropriation of conversational AI in the workplace: A taxonomy of AI chatbot users. *International Journal of Information Management, 69,* 102568.

Jin, G. et al.(2024). The work affective well-being under the impact of AI. *Scientific Reports, 14*(1), 25483.

Li, W. et al.(2024). Embracing artificial intelligence (AI) with job crafting: Exploring trickle-down effect and employees' outcomes. *Tourism Management, 104,* 104935.

Liu, R. et al.(2025). Enabler or inhibitor? The effect of AI crafting on presenteeism among medical staff. *European Journal of Work and Organizational Psychology.*

Luthar, S. S. et al.(2006). Conceptual issues in studies of resilience: Past, present, and future research. *Annals of the new York Academy of Sciences*, 1094(1), pp.105~115.
Miller, R. L. & Mulligan, R. D.(2002). Terror management: The effects of mortality salience and locus of control on risk-taking behaviors. *Personality and Individual Differences, 33*(7), pp.1203~1214.
Perez, F. et al.(2022). The autonomy tussle: AI technology and employee job crafting responses. *Industrial Relations, 77*(3).
Rotter, J. B. (1990). Internal versus external control of reinforcement: A case history of a variable. *American Psychologist*, 45(4), pp.489~493.
VandeWalle, D.(1997). Development and validation of a work domain goal orientation instrument. *Educational and Psychological Measurement, 57*(6), pp.995~1015.
Wrzesniewski, A. & Dutton, J. E.(2001). Crafting a job: Revisioning employees as active crafters of their work. *Academy of Management Review, 26*(2), pp.179~201.

10
일의 의미를 만들고 유지하는 조직

조직은 인공지능 기술 도입으로 지속적이고 일상적인 변화의 상황에 놓여 있다. 인공지능 기술 도입 시 기술의 효용성뿐 아니라 조직 구성원의 일의 의미가 함께 고려되어야 한다. 인공지능 기술 도입에 대한 조직 구성원의 다차원적 태도를 이해하고 조직 지원 인식을 느낄 수 있도록 노력할 필요가 있다. 조직 측면에서 일의 의미를 재구성하고 유지하기 위한 방안을 소개한다.

AI와 미래 의사?

조직 구성원의 심리적 욕구와 다차원적 태도에 대한 이해

조직은 인공지능 기술의 개발과 도입 전 그리고 도입의 과정에서 구성원들이 인공지능을 받아들이는 다차원적 태도에 대한 이해가 필요하다. 정서적, 인지적 측면에서, 그리고 과업과 관계의 변화 측면에서 다각적이고 포괄적으로 구성원들의 태도와 반응을 이해할 필요가 있다.

인공지능 기술에 대한 다차원적 태도와 심리적 욕구, 그리고 일의 의미의 경로들을 이해하고 통합적으로 관리해야 한다. 인공지능 기술 도입으로 인한 자율성 침해를 막고, 역량 개발 기회를 제공하여 유능함을 향상할 수 있도록 하며, 관계망에 구멍이 생기지 않도록 관계성과 소속감을 느낄 수 있는 제도를 마련해야 한다.

또 조직은 인공지능 기술이 야기하는 변화에 대해 투명하게 소통할 필요가 있다. 인공지능 기술 도입 과정에서 발생할 수 있는 역할 변화, 업무 재설계, 역량 개발 등 다양한 측면에서 실질적인 지원과 교육을 제공하고 이를 소통하는 것이 필요하다. 인공지능 기술 도입은 한 번의 사건이 아니라 지속적인 과정으로 변화와 불확실성에서 유연하게 대처할 수 있는 개인과 조직을 만들 필요가 있다.

조직 지원 인식의 고취

변화와 불확실성에 유연하게 대응하는 조직을 만들기 위해서는 궁극적으로 조직 구성원의 조직 지원 인식(perceived organizational support)을 높여야 한다. 조직 지원 인식 수준을 평소 저축해 놓은 조직에서는 인공지능 기술을 비롯한 변화로 인한 저항이 적고 조직 구성원이 변화에 쉽게 동참한다.

조직 지원 인식이란, 조직이 조직 구성원들의 기여를 얼마나 소중히 여기며, 또한 그들의 복지와 안녕을 얼마나 배려하고 있는지를 인식하는 정도를 의미한다(Eisenberger et al., 1990). 이 인식은 조직과 개인 간 상호작용의 질을 기반으로 한다. 조직 지원 인식이 높을수록 조직 구성원들은 조직 내에서 자신의 의견이나 감정을 보다 자유롭게 표현하고, 강한 소속감을 느낀다(Eisenberger et al., 1990).

조직 지원 인식은 일의 의미, 정서적 몰입, 직무 만족 그리고 성과와도 유의미한 정적 관계를 보인다(Rhoades & Eisenberger, 2002). 사회적 교환 이론(social exchange theory)을 통해 조직 지원 인식의 기능을 설명할 수 있다. 사회적 교환 이론은 인간관계가 상호 호혜적 교환을 기반으로 한다는 전제에서 출발한다(Blau, 1964). 이 이론에서는 개인은 타인 혹은 조직과의 관계에서 받은 혜택에 상응하는 보상을 제공하려는 심리적 의무감을 갖는다고 설명한다. 개인과 개인의 관계를 사회적 교환 이론으로 주로 설명하는데, 친구한테 밥을 한 번 얻어먹으면 그다음에 사야 할 것 같은 심리적 의무감이 든다. 개인과 조직의 관계에서도 이러한 심리적 의무감이 형성된다.

조직이 구성원의 안녕감에 관심이 있다는 인식을 가지면 단순히 고맙다 혹은 좋다는 반응을 넘어서 조직에 대해 심리적 의무감을 갖게 된다. 조직 구성원은 조직에 몰입하거나 성과 향상 등으로 이를 보답하려고 한다(Eisenberger et al., 2001). 조직 지원 인식은 상호 호혜적인 관계를 기반으로 하여 건설적이고 발전 지향적인 행동을 이끌어 내기도 한다. 직무 성과를 넘어, 동료를 돕거나 혁신 활동에 참여하게 만들기도 한다(Rhoades & Eisenberger, 2002).

나아가 조직 지원 인식은 심리적 욕구인 관계성, 유능성 욕구를 충족하는 데도 중요한 역할을 한다. 이러한 욕구의 충족은 개인에게 심리적 자원을 제공하고, 긍정적인 정서를 강화하며, 일의 의미의 기반이 될 수 있다. 조직 지원 인식 수준이 높은 구성원들로 가득 찬 조직은 만족도도 높고, 혁신 행동에 적극적으로 참여하며 일의 의미 수준도 높다.

인공지능 기술을 수용할 때도 조직 지원 인식의 긍정적인 역할은 확인되었다. 인공지능 기술이 유용하다고 생각해도, 구성원들의 조직 지원 인식 수준에 따라 기술을 실제로 수용하는지가 달라졌다(Li et al., 2019). 조직에서의 기술 수용은 외부적인 요인에 의한 것이다. 내가 원해서라기보다 조직의 요구에 의해서, 혹은 기술이 유용하다는 외재적인 요인으로 행동하게 되는 것이다.

외재적인 요인이 내재화되기 위해서는 내재화할 수 있는 환경이 필요하다. 외재적인 요인이 합당하더라도 내재화하여 내가 정말 원한다고 생각할 경우 인간은 더 큰 동기와 의미를 느끼게 된다. 인공지능 기술에 대한 유용성의 인식이 개인의 긍정적인 태도나 행동으로 전환되기 위해서는 이러한 유용성을 내면화할 수 있는 사회적 환경이 필요하다(Ryan & Deci, 2000).

이때 조직 지원 인식은 외재적 동기를 내재화하는 것을 도와주는 환경이 된다. 인공지능 기술의 도입의 동기를 내재화하면 인공지능 기술의 유용성을 자율적으로 수용하고, 긍정적 태도 형성이 촉진된다. 조직의 필요에 의해서 인공지능 기술을 수용하지만, '나한테도 유용하고, 나의 능력을 향상해 줄 수 있을 것이다'와 같이 내재화하는 데 도움을 주는 것이다.

중국 호텔 종사자들을 대상으로 한 연구에서 인공지능 기술에 대한 인식은 직무 불안정성을 촉발해서 이직의도를 높이는 요인이 되었다(Li et al., 2019). 하지만 조직 지원 인식이 높은 직원은 그렇지 않은 직원에 비해서 부정적인 영향을 덜 받는 것으로 나타났다. 이는 조직 지원 인식이 기술 도입 과정에서 발생할 수 있는 부정적 영향을 완화하는 보호 요인으로 작용함을 보여 준다.

정서적 태도의 역할에서 논의한 것처럼 조직은 인공지능 기술이 동반하는 불안과 위협감을 해소하는 것이 필요하다. 이러한 부정 정서는 개인이 보유한 자원에 의해 완화될 수 있는데(Hobfoll et al., 2018), 조직 지원 인식이 제공하는 정서적, 물질적 자원은 불안과 위협을 감소하는 역할을 한다.

한국의 20, 30대 직장인을 대상으로 한 연구에서도(박지영 · 정예슬, 2021), 조직 지원 인식이 높은 구성원은 기술의 유용성 인식 여부와 관계없이 인공지능 기술이 조직에 도입되면 사용하겠다는 의도가 높았다. 반면 조직 지원 인식이 낮은 경우에는 인공지능 기술이 유용할 때만 사용 의도가 증가했다. 조직 지원 인식이 높으면 조직이 하는 새로운 일을 쉽게 수용할 수 있는 열린 자세가 있는 것이다.

지속적인 변화 속 일의 의미 만들기

인공지능 기술은 지속적으로 변화하기 때문에 조직 내에서 기술 수용과 학습은 반복적이고 일상적인 과정이 되고 있다. 이러한 변화는 구성원에게 불안과 스트레스를 유발할 수 있기 때문에, 조직은 구성원의 심리적 안정과 지속적인 적응을 지원하는 구체적인 전략을 마련해야 한다.

우선 변화로 인한 불안 및 부정 정서의 관리가 선행되어야 한다. 부정성 편향(negativity bias)이라고 불릴 정도로 부정적인 것은 긍정적인 것보다 영향력이 강하다(Vaish et al., 2008). 인공지능 기술로 인해 얻는 혜택의 크기와 손실의 크기가 같아도 사람들은 손실을 훨씬 크게 지각한다. 인공지능 도입과 확산이 불안과 두려움을 유발할 수 있음을 인식하고 이해하고 이를 우선적으로 관리해야 한다.

또 직무 대체가 아닌 도구로서 인공지능 기술 도입을

새로운 배움과 성장의 기회로 받아들이는 태도를 갖도록 격려해야 할 것이다. 인공지능 시스템의 원리와 활용법에 대한 교육을 주기적으로 적용하고, 자신의 업무에 창의적으로 적용하여 결과를 내는 사례를 공유하고 격려하는 것이 필요하다. 다만 새로운 교육과 학습의 부담도 이해하며 이를 소화하여 수행으로 이어지는 데 시간이 필요하다는 것도 이해해야 한다.

심리적 욕구 측면에서 인공지능 기술을 설계할 때는 자율성의 침해와 사회적 측면에 유의해야 한다. 앞서 자율성 저하, 감시 강화, 사회적 상호작용 감소를 초래하는 인공지능 기술 도입은 의미 상실로 이어질 수도 있다는 연구 결과를 소개했다. 조직은 인공지능 시스템이 인간의 판단을 보완하는 데 쓰이도록 하고, 반복 업무를 인공지능 시스템이 맡더라도 작업자의 기여를 인정해야 한다. 또 현장의 작업자를 인공지능 시스템을 설계하고 개발하고 혹은 시연하는 프로젝트에 참여하게 하여 개발과 소통 과정에 참여적 의사 결정을 진행하는 것도 필요하다.

관계성 측면에서 조직과 구성원의 신뢰를 지키는 일도 필요하다. 기술 도입 시 도입의 목적과 과정을 투명하게 공유하는 것이 필요하다. 인공지능 기술의 도입 목적을 설명하며 의미 부여를 할 수도 있다. 기술에 대한 신뢰를 결정하는 하나의 요인은 목적(purpose)이다. 해당 인공지능 기술이 왜 개발되었는지를 명확한 맥락 안에서 설명해야 한다. 인공지능 기술의 목적을 회사의 비전이나 가치와 연계하여 인공지능 기술 활용을 설명할 필요가 있다. 제약 회사라면 '이 인공지능 기술을 사용하면 훨씬 더 높은 품질의 데이터를 통해 사람들의 더 건강한 삶에 기여할 수 있다'와 같이 단순하고, 이해하기 쉬우며, 사회에 기여하는 메시지로 인공지능 기술 도입의 목적을 소통할 필요가 있다(Hengstler et al., 2016). 인공지능 기술로 인한 변화 속에서 개인 스스로 일의 의미를 재구성해야 하는데, 조직이 이를 선제적으로 도와주며 의미 만들기를 도와주는 방안인 셈이다.

또 조직 지원 인식과 조직에 대한 신뢰를 유지하기 위해 정기적인 인정과 감사 표현을 하는 것도 필요하다. 변화의 상황에 적응하는 구성원의 노력과 성과를 공식적 또는 비공식적으로 인정하고 감사하는 문화는 구성원이 조직으로부터 존중받고 있다고 느끼게 한다. 이는 조직에 대한 애착과 몰입을 높이고 긍정 정서, 소속감 등을 통해 일의 의미를 높일 수 있을 것이다.

인공지능 기술을 도입했다면 기술의 오류나 수행 수

준뿐 아니라 구성원의 경험과 심리적 반응을 정기적으로 평가하고, 피드백을 반영하는 체계를 마련해야 한다. 각 직원의 통제감과 회복 탄력성 수준을 진단하고, 이를 높일 수 있는 맞춤형 교육과 지원을 제공해야 한다. 리더는 변화의 필요성과 방향성을 명확히 전달하고, 구성원의 의견을 적극적으로 경청하며, 다차원의 태도와 일의 의미의 변화를 관찰하는 것이 필요하다.

궁극적으로 조직은 직원들의 회복 탄력성, 통제감, 적응력을 지원하는 체계적인 프로그램을 마련할 필요가 있다. 팀의 응집력을 강화하고, 상호 지원적인 환경을 조성하면 개인뿐 아니라 팀 단위의 회복 탄력성이 높아질 수 있을 것이다. 인공지능 기술 도입을 단순한 기술적 변화로만 접근하지 않고, 심리적 안전망 제공과 조직 문화 혁신 등 전반적인 업무 방식의 변화를 병행할 필요가 있다.

결국 인공지능 시대에 일의 의미를 창출하고 유지하기 위해서는 개인과 조직 모두의 노력이 필수다. 개인의 입장에서는 인공지능의 도입과 확산이 불안과 두려움을 유발할 수 있지만, 이를 단지 위협으로만 받아들이기보다는 새로운 배움과 성장의 기회로 인식하는 태도가 중요하다. 인공지능 시스템의 원리와 활용법을 적극적으로 학습하고, 이를 자신의 업무에 창의적으로 적용해 보려는 노력이 필요하다. 이러한 과정을 통해 개인은 자신의 역량을 확장하고, 변화하는 환경 속에서도 주체적으로 일의 의미를 재정립할 수 있다.

조직의 입장에서도, 작업자의 다양한 심리적 욕구와 다면적인 태도를 이해하고, 일의 의미를 유지하고 강화할 수 있는 제도적 장치와 교육 프로그램을 마련해야 한다. 또한 지속적인 변화에 효과적으로 대응하려면, 구성원들이 자신의 안녕과 발전을 조직이 진심으로 고려하고 있다는 믿음을 가질 수 있도록 조직 지원 인식 수준을 높이는 노력이 요구된다. 구성원이 "내가 믿고, 나를 신경 써 주는 조직이 시도하는 변화라면 나 역시 믿고 건설적으로 대응하겠다"는 인식을 갖게 되면, 심리적으로 안정된 태도로 변화를 적극적으로 수용할 수 있다. 이러한 태도는 단기적인 적응을 넘어, 장기적으로 일의 의미를 유지하고 형성해 나가는 데 중요한 기반이 될 것이다.

참고문헌

박지영 · 정예슬(2021). "직장인의 인공지능 기술 사용의도: 기술에 대한 지각된 유용성과 신뢰, 조직지원인식의 역할을 중심으로". 《한국심리학회지: 산업 및 조직》, 34(2), 183~211쪽.

Blau, P. M.(1964). *Exchange and power in social life*. John Wiley

& Sons.

Eisenberger, R. et al.(2001). Reciprocation of perceived organizational support. *Journal of Applied Psychology, 86*(1), pp.42~51.

Hengstler, M. et al.(2016). Applied artificial intelligence and trust_The case of autonomous vehicles and medical assistance devices. *Technological Forecasting and Social Change, 105*, pp.105~120.

Hobfoll, S. E. et al.(2018). Conservation of resources in the organizational context: The reality of resources and their consequences. *Annual Review of Organizational Psychology and Organizational Behavior*, 5, pp.103~128.

Li, J. J. et al.(2019). Hotel employee's artificial intelligence and robotics awareness and its impact on turnover intention: The moderating roles of perceived organizational support and competitive psychological climate. *Tourism Management, 73*, pp.172~181.

Rhoades, L. & Eisenberger, R.(2002). Perceived organizational support: A review of the literature. *Journal of Applied Psychology, 87*(4), pp.698~714.

Ryan, R. M. & Deci, E. L.(2000). Self-determination theory and the facilitation of intrinsic motivation, social development, and well-being. *American Psychologist, 55*(1), pp.68~78.

Vaish, A. et al.(2008). Not all emotions are created equal: the negativity bias in social-emotional development. *Psychological Bulletin, 134*(3), pp.383~403.

박지영

덕성여자대학교 심리학과 산업 및 조직심리전공 조교수다. 외국계 금융 회사에서 근무하면서 일이 개인에게 갖는 의미에 대해 관심을 갖게 되었다. 이러한 관심을 기반으로 연세대학교에서 산업 및 조직심리전공 박사 학위를 취득했다. 인공지능 기술을 포함한 사회적 변화가 개인의 일의 의미, 안녕감, 그리고 조직 행동에 미치는 영향에 관심을 갖고 연구하고 있다. 인공지능 기술 적용에 대한 작업자의 태도와 인공지능이 생성한 창의적 결과물에 대한 편향에 관한 연구를 수행했으며, 관련 연구 결과를 《Journal of Business and Psychology》, 《Journal of Occupational and Organizational Psychology》, 《Human Resource Management》 등 해외 저명 학술지에 게재한 바 있다. 《The Impact of Artificial Intelligence on Societies》 등의 저서가 있다.